O Racismo, Uma Introdução

Coleção Debates
Dirigida por J. Guinsburg

Equipe de realização – Tradução: Fany Kon; Revisão de tradução: Fany Kon e J. Guinsburg; Edição de texto: Vilma Maria da Silva; Revisão: Lilian Miyoko Kumai; Produção: Ricardo W. Neves e Sergio Kon.

michel wieviorka
O RACISMO, UMA INTRODUÇÃO

PERSPECTIVA

Título do original francês
Le racisme, une introduction

Copyright © Éditions La Découverte & Syros, Paris, 1998.

Dados Internacionais de Catalogação na Publicação (CIP)
(Câmara Brasileira do Livro, SP, Brasil)

Wieviorka, Michel, 1946- .
 O racismo, uma introdução / Michel Wieviorka ; [tradução Fany Kon]. -- São Paulo : Perspectiva, 2007. -- (Debates ; 308 / dirigida por J. Guinsburg)

 Título original: Le racisme, une introduction
 Bibliografia.
 ISBN 978-85-273-0787-1

 1. Racismo I. Guinsburg, J. II. Título. III. Série.

07-4164   CDD-305.8

Índices para catálogo sistemático:
1. Racismo : Sociologia 305.8

[PPD]

Direitos reservados em língua portuguesa à

EDITORA PERSPECTIVA LTDA.

Av. Brigadeiro Luís Antônio, 3025
01401-000 São Paulo SP Brasil
Telefax: (11) 3885-8388
www.editoraperspectiva.com.br

2019

AGRADECIMENTOS

Meus agradecimentos a Bernard Francq, responsável de certa forma pela origem deste trabalho; a Jacqueline Longérinas, sem a qual ele não teria vindo à luz; a Jocelyne Ohana, que me ajudou a desenvolver certos pontos e a completar a documentação; e a Christine Blanchard, por sua leitura atenta.

SUMÁRIO

Introdução 9

I. FERRAMENTAS PARA A ANÁLISE

1. Do Racismo Científico ao Novo Racismo 17
   O Racismo Científico 19
   O Declínio do Racismo Científico 25
   O Racismo Institucional 29
   O Racismo Cultural 34
   Dois Racismos ou Duas Lógicas? 38

2. O Espaço do Racismo 41
   O Racismo Universalista 43
   O Racismo da Queda e da Exclusão Social 44
   A Identidade Contra a Modernidade 45
   O Racismo das Identidades em Conflito 48
   O Espaço Teórico do Racismo 50
   Racismo e Anti-semitismo 52

3. A Diversidade das Expressões Concretas do Racismo . 57
   O Preconceito 59
   A Segregação 65
   A Discriminação 68

4. A Violência Racista 71
   Violência Racista e Política 73
   As Fontes Sociais da Violência Racista 76
   As Fontes Identitárias da Violência Racista 80
   A Totalização pela Violência 83

Conclusão da Primeira Parte: Quatro Níveis 85

II. A ATUALIDADE DO RACISMO

Introdução 91

5. A Produção Contemporânea do Racismo nas
   Sociedades Européias 95
   O Fim da Sociedade Industrial 97
   A Crise das Instituições 102
   A Escalada das Identidades Culturais 106
   A Desestruturação das Sociedades Nacionais 111
   De um País ao Outro 114

6. A Influência das Mídias 117
   O Pluralismo das Mídias 120
   As Mídias: Vetores do Racismo? 128

7. As Dificuldades do Anti-racismo 137
   Debates e Controvérsias 137
   Os Níveis da Ação Anti-racista 141
   Das Políticas Específicas? 150

Conclusão 155

Autores Citados 159

INTRODUÇÃO

Introdução à análise do racismo, esse livro constitui por si uma definição do fenômeno. Porém, pode ser útil, a título provisório, arriscar uma primeira definição: o racismo consiste em caracterizar um conjunto humano pelos atributos naturais, eles próprios associados às características intelectuais e morais que valem para cada indivíduo dependente desse conjunto e, a partir disso, pôr eventualmente em execução práticas de inferiorização e de exclusão.

As ciências sociais não estão jamais em posição de exterioridade ou de neutralidade em relação aos objetos que elas estudam, e os pesquisadores, docentes, estudantes que pretendem produzir, difundir e se apropriar de conhecimentos relativos ao racismo não lhe são jamais indiferentes. Amiúde, consideram que, ao se interessarem pelo fenômeno, contribuem para combatê-lo. Simetricamente, os atores, cujo engajamento participa da luta contra o racismo, são mais e mais advertidos dos limites dos bons sentimentos, sempre suscetíveis de se revelarem contraproducentes: eles deveriam aceitar cada vez mais a idéia de que o conhecimento aumenta a capacidade de ação.

Se for necessário distinguir a análise e a ação, é preciso também recusar as duas tentações opostas, que consistem, uma, em dissociar inteiramente os registros, a outra, em confundi-las e fundi-las. O problema é antes articulá-las, pensar sua coerência, e ao mesmo tempo reconhecer em cada uma delas certa autonomia. É por isso que este livro não começa por um discurso engajado, mas termina em um capítulo que se esforça para pôr em correspondência a análise do racismo e a ação anti-racista, considerando esta última um engajamento que também exige reflexão.

Duas preocupações maiores inspiraram esta obra. A primeira é a questão da unidade do fenômeno. O racismo transformou-se consideravelmente no decorrer dos tempos, e a distância é grande entre suas expressões clássicas, que pretendem se apoiar na ciência, e suas formas contemporâneas, que se referem cada vez mais à idéia da diferença e da incompatibilidade das culturas. Será que existe uma unidade histórica do fenômeno ou, antes, uma história dominada por rupturas, das quais a mais decisiva foi certamente representada a partir da experiência nazista? E, malgrado a diversidade das expressões do racismo, será que é possível apoiar-se num modo de abordagem integrado, único, para se dar conta do fenômeno?

A primeira parte formula essas questões e os debates que elas suscitam, a partir da apresentação das ferramentas de análise que se desenvolveram consideravelmente de um lado ao outro do Atlântico depois do final dos anos de 1960: conceitos novos de racismo institucional, de racismo cultural, de diferencialismo, de racismo simbólico etc.; distinções entre formas elementares (violência, discriminação, segregação etc.) e entre níveis (políticos ou não); debates relativos às lógicas contraditórias do racismo, tensão subjacente entre um princípio de inferiorização, que concilia um lugar ao grupo racizado na sociedade considerada, e um princípio de diferenciação, que pretende mantê-lo à distância, até mesmo destruí-lo.

A segunda preocupação que anima esta obra se apóia na constatação surpreendente do retorno do racismo, incluindo aí as sociedades das quais se podia esperar que estivessem em vias de se livrarem dele de uma vez por todas. Até os anos de 1960, com efeito, certo otimismo se apoiava na idéia de que a modernidade, identificada com o progresso econômico e político (a modernização e a democracia) e com a marcha triunfante da razão, faria progressivamente recuar o mal. O individualismo moderno significava também que as pessoas seriam cada vez mais julgadas ou percebidas pelo que fazem, por sua ação e sua vontade, e cada vez menos pelo seu ser, por uma essência qualquer, mais ou menos naturalista, isto é, considerada um fato da natureza. Este era um indício de que o racismo caminhava para o seu fim. Mais ainda, os horrores do nazismo acabavam de tornar ilegítima toda idéia de política da raça, podia-se definitivamente pensar, e a descolonização devia desencadear o declínio do racismo colonial.

Foi preciso romper com a ingenuidade de um evolucionismo demasiado otimista, ainda que o retorno do racismo não tenha sentido único, tal como pudemos assistir em 1993 à queda do *apartheid*, inaugurado na África do Sul no final dos anos de 1940. O racismo pertence ao presente da humanidade, e não somente ao seu passado.

A segunda parte trata, precisamente, da atualidade do racismo nas sociedades ocidentais e particularmente, mas não apenas, na Europa. Essa presença se deve a uma mutação, na qual se desfazem antigas relações sociais e se delineiam novas. Fim da era industrial e declínio do movimento operário, crise das instituições e dos sistemas políticos, fragmentação cultural: tantas mudanças que trazem condições favoráveis, cujo exame nos explicam a atualidade do fenômeno. Nessa paisagem renovada, não têm as mídias uma responsabilidade, e, se tiverem, qual? A questão merece ser examinada e debatida, pois, se deixarmos de tratar do racismo hoje sem nos interrogarmos sobre o papel das mídias, não teremos certeza de que elas mereçam um julgamento sistematicamente crítico, insistindo em seu papel na produção e na difusão do ódio ou dos preconceitos racistas. Enfim, o tema da ação anti-racista encontra também seu lugar no exame das mudanças mais atuais, suscita vivos debates, que colocam em questão não somente as análises do racismo mesmo, mas, ainda mais profundamente, as concepções políticas e filosóficas da vida coletiva.

As ciências sociais começaram a se interessar de maneira sistemática pelo racismo a partir da década de 1920, com a questão do negro nos Estados Unidos e a escalada do anti-semitismo na Alemanha nazista. A pesquisa conheceu em seguida altos e baixos, mas, como indicam dois sociólogos britânicos, John Solomos e Les Back, até os anos de 1970 ela constituiu um domínio altamente especializado em disciplinas como a história, a sociologia e as ciências políticas. Depois, teve lugar uma "explosão sem precedentes" do interesse universitário por esse objeto e, doravante, "não há praticamente mais nenhum ramo das ciências sociais e humanas que não tenha conhecido um ressurgimento do interesse pelo estudo dos diversos aspectos do racismo"[1]. Na França, a pesquisa foi em geral vigorosa e de mais alto nível nos anos de 1950 e de 1960, com autores tão importantes quanto o historiador Léon Poliakov[2], os sociólogos Albert Memmi[3], Roger Bastide[4], ou, um pouco mais tarde, Colette Guillaumin[5]. Depois de um período de latência, conheceu um renascimento a partir de meados dos anos de 1980, e, no princípio, sob o impulso das ciências ou da filosofia políticas.

---

1. J. Solomos; L. Back, *Racism and Society*, p. xii.
2. L. Poliakov, *Histoire de l'antisémitisme*.
3. A. Memmi, *Portrait du colonisé*.
4. R. Bastide, *Le Prochain et le Lointain*.
5. C. Guillaumin, *L'Ideologie raciste*.

Este livro se assenta sobre uma experiência de pesquisa que constitui nossa contribuição a esse renascimento. Inaugurados por um estudo sobre o anti-semitismo na Polônia[6], nossos trabalhos se esforçaram constantemente para combinar teoria e pesquisa de campo com uma grande preocupação de comparação e de abertura internacionais. Temos evitado nos citar muito amiúde, apoiando-nos ao mesmo tempo em nossos trabalhos anteriores e retomando algumas passagens nos casos em que isso se mostrou inafastável. É por isso que nossas principais publicações sobre a matéria estão citadas na lista de obras utilizadas.

---

6. M. Wieviorka, *Les Juifs, la Pologne et Solidarnosc.*

I. FERRAMENTAS PARA A ANÁLISE

1. DO RACISMO CIENTÍFICO AO NOVO RACISMO

O termo racismo apareceu no período compreendido entre as duas guerras para se impor na linguagem corrente das sociedades ocidentais, e em todo o planeta no pós-guerra. Mas se a palavra é recente (seu ingresso no *Dicionário Larousse* data de 1932), as idéias e as práticas às quais ela remete são antigas e não procedem somente da experiência ocidental. É tentador falar de racismo sem temer o anacronismo a propósito dos antigos gregos, para os quais os bárbaros, aqueles que estavam fora da *pólis*, eram seres humanos, com certeza, mas singularmente inferiores; ou ainda relembrar a densidade do racismo em certas sociedades asiáticas. O fenômeno é com certeza anterior ao seu conceito, ou pelo menos à sua denominação.

Nossa abordagem será, todavia, mais prudente e nós a limitaremos à era moderna e às sociedades ocidentais. Essa escolha deve-se à recusa de constituir o racismo em constante antropológica, em virtualidade que faz de todo

17

grupo humano o vetor eventual de categorias que "naturalizam" outros grupos humanos para melhor os agredir, os manter a distância ou os inferiorizar. Ele se faz um atributo das sociedades modernas, individualistas, logo que elas começaram a se desenvolver na Europa ocidental, quando saíam da Idade Média.

O racismo responde, sob uma forma nova, a uma função antiga. Tudo se passa como se ele representasse, em uma sociedade igualitária, uma ressurgência daquilo que se exprimia de maneira diferente, mais diretamente, na sociedade hierárquica [...]. Suprimi os modelos antigos de distinção, e tereis a ideologia racista[1].

O fenômeno, desse ponto de vista, não caracteriza as sociedades tradicionais, "holistas" no vocabulário de Louis Dumont (isto é, em que o conjunto prevalece sobre os indivíduos); ele foi inaugurado na Europa a partir do momento em que se opera sua expansão planetária, com as grandes descobertas, a colonização e o que já é, desde o século xv, um processo econômico de mundialização. Nessa perspectiva, em que o racismo é indissociável da modernidade, a noção de raça se difunde a partir do século xviii. É por isso que os debates atuais sobre o papel das Luzes e da renovação religiosa da época são particularmente interessantes: um historiador como George Mosse[2], por exemplo, vê aí os fundamentos do racismo, enquanto Tzevetan Todorov[3] acha inadaptada e simplificadora a idéia de uma relação de causalidade entre a filosofia das Luzes e o racismo.

O racismo, na medida em que está associado à modernidade, pode ser abordado por duas entradas principais. A primeira, na ordem de seu surgimento histórico, o considera de início um fenômeno ideológico, um conjunto de doutrinas e de idéias mais ou menos elaboradas; a segunda,

---

1. L. Dumont, *Homo hiearchicus*.
2. G. Mosse, *Toward the Final Solution*.
3. T. Todorov, Race, Writing and Culture, em H. L. Gates Jr. (ed.), *"Race", Writing and Difference*.

que se imporá progressivamente no decorrer dessa obra, privilegia o exame de suas modalidades concretas para interessar-se depois, na seqüência da precedente, pelos discursos e escritos, mas também e sobretudo pelas formas nas quais ele se exprime na prática: massacres, exploração, discriminação, segregação, por exemplo.

O Racismo Científico

As doutrinas e ideologias racistas evoluíram consideravelmente no decorrer da era moderna. Em um primeiro tempo, durante os séculos XVII e XVIII, dominam, não sem uma grande diversidade suficiente, representações do Outro que se podem denominar de proto-racistas. Algumas, notadamente, explicam as diferenças físicas dos africanos ou dos índios da América, elas mesmas percebidas como causa ou marca de uma inferioridade, pelo meio ambiente em que eles vivem: o clima, a natureza, mas também a cultura, a civilização na qual eles são socializados. Desse ponto de vista, o negro africano é um selvagem, mas que pode ser "civilizado" e mesmo ver sua aparência física transformada pela colonização.

O Nascimento do Racismo Científico

O racismo propriamente dito, a idéia de uma diferença essencial, inscrita na própria natureza dos grupos humanos, em suas características físicas, não começa verdadeiramente a se difundir senão no final do século XVIII e no século seguinte.

Abre-se então uma época de racismo clássico em que a "raça", associada a atributos biológicos e naturais e atributos culturais, pode ser objeto de teorização científica. Essa inflexão deve muito, ela própria, à importância crescente que reveste então a idéia de nação, e de numerosos pensadores, contemporâneos ou próximos de nós, sublinhando apenas a relação entre nação e as fontes do racismo moderno. Assim, Hannah Arendt, em seu estudo sobre as origens do totalitarismo[4], consagra um capítulo ao nascimento da ideologia racista, no qual ela examina o quadro nacional de três centros principais que constituem a França, a Alemanha e a Inglaterra no final do século XVIII e começo do seguinte.

Na França, o fenômeno, segundo ela, procede de início das inquietudes da nobreza preocupada, como demonstra especialmente o conde de Boulainvilliers, ao se opor ao povo e à burguesia de um lado, à monarquia de outro: a nobreza francesa, diz Arendt, identifica "a queda de sua casta com a queda da França, depois com a da humanidade inteira"[5]. Na Alemanha, os românticos de um lado, exaltando a nobreza natural, e os nacionalistas de outro, em busca de uma origem tribal comum, formam duas correntes cujo amálgama se opera no fim do século XIX para constituir o racismo "como ideologia por inteiro"[6]. Na Inglaterra, enfim, o racismo é indissociável da expansão colonial, mas, também, das expectativas das classes médias que querem "sábios capazes de provar que os grandes homens, e não os aristocratas, eram os verdadeiros representantes da nação, aqueles que nela manifestavam o 'gênio da raça'"[7].

De um lado, a colonização e o imperialismo, de outro, a nação e os nacionalismos europeus: as classificações raciais se elaboram em um duplo movimento de expansão européia e de ímpeto de manifestação das identidades nacionais. Elas dizem respeito tanto a "raças" mais ou menos longínquas, definidas antes de tudo pela cor, quanto a "raças" presentes no solo nacional – "raças" franca e gaulesa de Boulainvilliers, judeus, irlandeses (na Inglaterra) etc.

---

4. H. Arendt, *The Origins of Totalitarianism*.
5. Idem, *L'Impérialisme*, p. 89.
6. Idem, ibidem.
7. Idem, ibidem.

A Convergência dos Saberes

As concepções científicas de raça se colocam na convergência de todos os campos do saber. Para isso contribuem os viajantes, os escritores, os poetas, mas também os filósofos e os eruditos, anatomistas, psicólogos, historiadores, filólogos, teólogos. Trata-se, qualquer que seja o saber inaugurado ou convocado, de demonstrar a superioridade da "raça" branca sobre as outras "raças", de classificar as raças humanas nas pegadas da classificação das espécies propostas por Karl von Limé; de demonstrar, também, que a "mistura" é fonte de decadência para a raça superior: encontra-se nela a obsessão da mestiçagem, constantemente central no racismo, incluindo o período atual.

Assim, na França, Ernest Renan e outros esforçam-se para construir uma oposição racial entre semitas e arianos, com a vantagem, bem evidente, dos segundos. Arthur de Gobineau, em seu célebre *Essai sur l'inégalité des races humaines* (Ensaio sobre a Desigualdade das Raças Humanas), desenvolve um pensamento sobre a decadência, como se a humanidade se encaminhasse para sua perda por causa da mistura das raças, segundo ele, fatal (Alexis de Tocqueville dirá desse ensaio que ele o faz pensar na *Revista dos Haras*). Gustave Le Bon[8] classifica as raças, distinguindo aquelas que são superiores, todas indo-européias, daquelas que são de nível intermediário, semíticas, ou chinesas em especial, e aquelas que são primitivas. George Vacher de Lapouge[9] propõe uma antropologia positivista e científica que revela sua inquietude da mestiçagem etc.

A França não possui o monopólio da produção e da difusão dessas idéias, falta muito para tanto. Como demonstram Robert Miles[10], Michel Banton[11] e Elazar Barkan[12], em quem nos apoiamos aqui, elas ocupam um

8. G. Le Bon, *Lois psychologiques de l'évolution des peuples.*
9. G. Vacher de La Pouge, *L'Aryen. Son rôle social.*
10. R. Miles, *Racism.*
11. M. Banton, *Racial and Ethnic Competition.*
12. E. Barkan, *The Retreat of Scientific Racism.*

largo espaço no mundo anglo-saxão ou nos países latinos. O positivismo exerce uma influência bastante forte sobre os autores que, tais como Benjamin Kidd na Inglaterra, ou o sociólogo alemão Ludwig Gumplowicz, procuram nas ciências naturais a explicação dos processos históricos ou políticos, o que, sem converter, no entanto, esses autores em racistas *avant la lettre*, abre a via a posturas explicitamente racistas. Johan Friedrich Blumenbach, o anatomista austríaco Johan Franz Gall e muitos outros consideram que existe uma correlação entre as capacidades mentais das pessoas e a forma de suas cabeças; o anatomista escocês Robert Knox apóia-se na ciência para propor uma teoria das raças que quase não está longe da de Gobineau o antropólogo John Hunt afirma o poligenismo da espécie humana, ou seja, a idéia de que as raças humanas têm diferentes origens.

Um pouco mais tarde, no fim do século XIX, em um clima intelectual no qual as idéias de Herbert Spencer chegam a se misturar com a teoria de Charles Darwin sobre a origem das espécies, o "darwinismo social" promove idéias racistas, na verdade bastante distanciadas do pensamento de Darwin: lá onde esse último se interessa na mudança e na evolução pela seleção natural, Spencer salienta as características fixas da raça que autoriza, segundo ele, um grupo racial a se manter por meio de lutas, eliminando os espécimes impuros. Francis Galton[13], primo de Darwin, faz-se o promotor de uma eugenia que anima vários debates, entre eles o da Sociological Society of London, nos quais participam, sem necessariamente aderir a suas opiniões, figuras prestigiosas como Max Nordeau, Bertrand Russell, Ferdinand Tönnies, George Bernard Shaw ou H.G. Wells. Galton hierarquiza as populações negras e brancas em 24 níveis, de A em baixo a X no alto, e considera que os grupos E e F dos negros correspondem apenas aos grupos C

---

13. F. Galton, conferências e debates da "Sociological Society" de Londres, *The American Journal of Sociology*, v. X, n. 1, p. 1-25 e v. XI, p. 11-25.

e D dos brancos. Otto Amon, na Alemanha, ou Houston Stewart Chamberlain, genro de Richard Wagner e filho de um almirante britânico instalado em Dresden, inquietam-se com o "caos das raças" ou com a influência dos judeus na política, no direito, nas letras e na vida econômica.

Nos Estados Unidos, os dois primeiros tratados de sociologia, publicados em meados do século xix, tanto o de Henry Hughes como o de George Fitzhugh, pretendem justificar o escravismo e as ciências sociais, com Ellwood, Grove S. Dow e numerosos autores, em especial nas primeiras publicações do *American Journal of Sociology*, desenvolvem um racismo que versa sobre dois temas principais: de um lado, a questão negra, de outro, a da imigração, que preocupa cada vez mais intensamente a população americana a partir do início do século xx.

Poder-se-ia completar o quadro considerando-se as sociedades latinas, Espanha, Itália, Portugal, América Latina ou ainda o mundo eslavo. Digamos sobretudo que, como conjunto de doutrinas e de ideologias, o racismo clássico, tendo sempre seus promotores nas diversas sociedades, é também um fenômeno transnacional, no qual as idéias sobre as raças circulam intensamente do Velho Mundo para o Novo, desde o final do século xviii, como demonstrou George M. Fredrickson[14]. Assim, a frenologia – que pretende apreender as características psíquicas de uma pessoa a partir da conformação de seu crânio – nasce na Alemanha com Franz Jozeph Gall e Johan Gaspar Spurzheim. Ela é desenvolvida na Escócia por George Combe e retomada por um amigo americano de Combe, Samuel George Morton.

As Implicações do Racismo Científico

O racismo científico propõe, sob diversas variantes, uma pretensa demonstração da existência de "raças", cujas características biológicas ou físicas corresponderiam às

14. G. M. Fredrickson, *The Arrogance of Race*.

capacidades psicológicas e intelectuais, ao mesmo tempo coletivas e válidas para cada indivíduo. Esse racismo está carregado de um determinismo que, em certos casos, pretende explicar não apenas os atributos de cada membro de uma suposta raça, mas também o funcionamento das sociedades ou das comunidades constituídas de tal ou tal raça. Como sublinhou Robert Miles[15], ele implica várias dimensões.

Em primeiro lugar, ele entra em conflito com as concepções cristãs sobre a natureza e o desenvolvimento do mundo e da espécie humana, a cujo respeito a *Bíblia* nos diz que ela descende de Adão e Eva – daí alguns de seus esforços para explicar, por exemplo, que a cor da pele deles foi uma maneira de Deus punir e condenar os primeiros negros e sua descendência. Em seguida, denigrem a idéia proto-racista segundo a qual o ambiente natural ou cultural fabrica as diferenças que fazem as "raças": se os negros reduzidos à escravidão nos Estados Unidos continuam negros, se os brancos que se instalam nas colônias permanecem brancos, não é pelo fato de a "raça" ser inalterável, natural, irredutível? Além disso, o racismo científico é claramente uma ideologia na qual está afirmada a superioridade cultural indiscutível da raça branca, já que a civilização está associada aos brancos e a seus atributos físicos, enquanto a barbárie ou a selvageria é associada às outras raças.

Todavia, o conteúdo do racismo científico evolui no decurso do tempo: no início do século XIX, as classificações das raças baseiam-se, sobretudo, nos atributos fenotípicos (cor da pele, tipo de cabelo, formato do nariz e outros caracteres do organismo que se manifestam à observação). Depois, o esqueleto é o objeto de um interesse crescente e, sobretudo, o crânio (a capacidade craniana ou o ângulo facial): a craniometria torna-se uma atividade científica im-

---

15. R. Miles, op. cit.

portante. Enfim, no contexto do surto dos nacionalismos, o esforço de classificação serve também para distinguir "raças" até no seio do mundo antigo (por exemplo: alpina, mediterrânea e nórdica), a fim de justificar discursos e condutas que visam inferiorizar os judeus, ou, na Inglaterra, os irlandeses; em outros casos, serve de argumento a certas minorias culturais para se afirmarem, como testemunham, por exemplo, os escritos do pai fundador do nacionalismo basco, Sabino Arana, que fala da raça basca em termos históricos, mas também biológicos: os dominados também podem se apropriar do tema da raça.

O Declínio do Racismo Científico

O Nazismo

O nazismo marca o apogeu desse poderoso movimento de idéias. Ele recorre largamente a elas, em todos os domínios do saber, a medicina, a biologia, a química, a genética, mas também a antropologia, as ciências jurídicas ou a demografia, todas mobilizadas para definir, categorizar, balizar e classificar as populações em termos de raça – a começar pelos judeus, mas não apenas –, assegurar seu tratamento "científico". Paralelamente, o nazismo apóia-se nos mesmos conhecimentos para afirmar a superioridade da raça ariana e dotar-se de uma legitimidade histórica, cultural e natural. O fim da Segunda Guerra Mundial e a tomada de consciência daquilo que foi a barbárie nazista significaram senão o desaparecimento do racismo científico, ao menos a sua deslegitimação: antes, pôde afirmar Jean-Paul Sartre, a propósito da forma singular do anti-semitismo, ele situava-se no âmbito da opinião; doravante, situa-se no âmbito do crime[16].

---

16. J.-P. Sartre, *Réflexions sur la question juive*.

Raça e Racismo

Antes mesmo da descoberta dos horrores nazistas, após a descolonização nos anos de 1950, podia-se pensar que o racismo científico estava condenado cientificamente. Sua "aposentadoria", para retomar o título de um livro de Elazar Barkan[17], data do período entre as duas guerras, e, seguindo essa obra, da intervenção de militantes de esquerda, de judeus e de mulheres, que contestaram os fundamentos desse racismo científico. Bem cedo, certos autores procuraram defender um princípio de dissociação, separando a idéia de raça do racismo, e, procurando salvar a primeira, combatiam ao mesmo tempo a segunda. Assim, a antropóloga americana Ruth Benedict, em *Race and Racism* (Raça e Racismo), publicado pela primeira vez em 1942, afirma que a raça é uma classificação baseada em traços hereditários que constitui um domínio da pesquisa científica, enquanto o racismo é um dogma contrário a toda demonstração científica, "o dogma segundo o qual um grupo étnico está condenado por natureza à inferioridade congênita e um outro grupo está destinado à superioridade congênita". Do mesmo modo, autênticos militantes anti-racistas dos anos de 1930, Julian Huxley e A. C. Haddon, em *We Europeans* (Nós Europeus), publicado em Londres em 1935, rejeitam o uso político que os nazistas fazem da classificação das raças humanas, embora façam distinção dos grupos biológicos no seio da humanidade (eles preferem, não obstante, falar de grupos étnicos mais do que de raças, precisamente porque a política se apropriou do termo).

Nessa perspectiva, o postulado de um elo entre o comportamento e as capacidades de um indivíduo, sua superioridade ou sua inferioridade, e seus atributos naturais, raciais, constitui uma negação da ciência e pode-se, por conseguinte, falar de raças sem ter de afiançar o racismo, e mesmo combatê-lo. Assim é que o sociólogo britânico

---

17. E. Barkan, op. cit.

Michael Banton, nos anos 60 e 70 do século XX, pôde pleitear em favor de que se fizesse desaparecer das ferramentas conceituais da sociologia o racismo, desenvolvendo ao mesmo tempo o conceito de "racialização" para designar o uso da raça como representação ou percepção, como modo de categorização de certas populações por outras.

Deslegitimada também pelo trabalho das organizações internacionais, a começar pela Unesco, que soube mobilizar numerosos cientistas, a idéia de raças humanas cientificamente comprovadas é, todavia, um tema que permanece recorrente. Resistiu à transformação da velha antropologia física, obcecada pela pigmentação da pele e pela forma dos crânios, em uma antropologia cultural que se interessa pelas instituições e pelos comportamentos específicos dos homens, pelos modelos sociais, pelas práticas culturais – passagem cuja figura pioneira foi certamente Franz Boas desde o início do século XX nos Estados Unidos. Reaparece regularmente, mesmo no mais alto nível, por exemplo, nas declarações de William Shockley, prêmio Nobel de física em 1956, que propõe esterilizar os negros para evitar que transmitam seus genes inferiores, ou em numerosos estudos empenhados em trazer a prova de uma inteligência superior dos brancos sobre os negros – tese ainda presente na obra que conheceu imenso sucesso de livraria nos Estados Unidos, *The Bell Curve* (A Curva Bell), de Richard Herrnstein e Charles Murray, publicada em 1994. Não obstante, um outro prêmio Nobel (de medicina, 1965), François Jacob, pôde afirmar claramente que para a biologia

> o conceito de raça perdeu todo o valor operatório, e só pode congelar nossa visão de uma realidade em incessante movimento; o mecanismo de transmissão da vida é tal, que cada indivíduo é único, que os indivíduos não podem ser hierarquizados, que a única riqueza é a coletiva: ela é feita da diversidade. Todo o resto é ideologia[18].

18. F. Jacob, Biologie. Racisme. Hiérarchie, em M. Olender (ed.), *Le Racisme, mythes et sciences*.

Os trabalhos dos geneticistas, em particular, deveriam obter definitivamente vantagens sobre o racismo científico, demonstrando que o conceito de raça não tem nenhum sentido do ponto de vista de sua disciplina, pois, no seio de uma suposta raça, a distância genética média entre indivíduos é quase a mesma, e até superior àquela que separa duas supostas raças. E, como nota o cientista Alberto Piazza, "o estudo da diversidade genética nos ensina sobretudo a história e a geografia das populações"[19], o que faz da raça "um conceito sem fundamento biológico". Mas, de um lado, o quadro conceitual da ciência das raças não está totalmente liquidado, como provam os avatares contemporâneos da controvérsia sobre a hereditariedade da inteligência; e, de outro lado, não é porque seu suporte científico tenha se desmoronado, e o nazismo tenha desacreditado os projetos de uma política da raça apoiada em uma concepção que deixa um amplo espaço à biologia, que o racismo desapareceu.

As Relações de Raças

Na tradição intelectual e política anglo-saxônica é possível e legítimo falar de *race relations* (relações raciais) sem, no entanto, correr o risco de sofrer a acusação ou a suspeita de racismo. A raça, nessa perspectiva, é uma construção social e política, baseada em atributos fenotípicos, a partir da qual se processam as relações entre grupos raciais. As ciências sociais norte-americanas, em particular, têm desenvolvido desde 1920 trabalhos que se inscrevem, com a escola sociológica de Chicago, em uma perspectiva de *race relations*. E na Grã-Bretanha, a partir de 1950, pesquisadores tão influentes quanto Michael Banton[20] e John Rex[21] incluem-se também nesse tipo de abordagem. Banton, por exemplo, propôs distinguir seis modelos fundamentais de

---

19. A. Piazza, Un concept sans fondement biologique, *La Recherche*, n. 302, p. 64-68.
20. M. Banton, *Race Relations*.
21. J. Rex, *Race Relations in Sociological Theory*.

interação na história das *race relations*: o contato institucional, a aculturação, a dominação, o paternalismo, a integração e o pluralismo. Rex, em textos teóricos fundados em uma experiência de campo, demonstrou como, sob diversas condições, a "relação de raças" é uma relação social, como, por exemplo, ela permite à classe operária britânica branca inferiorizar a seu favor os trabalhadores imigrados e de constituí-los em *underclass* (termo muito controvertido, remetendo à idéia de um grupo social despojado, de subcultura singular e, particularmente, prejudicado no mercado de trabalho).

Mas até onde se pode aceitar a noção de "relação de raças", que implica um reconhecimento e uma legitimidade da própria noção de raça? Deve o debate permanecer aberto, pelo fato de os grupos considerarem que estão inscritos em relações desse tipo, que indivíduos são designados e eventualmente se designam em categorias raciais? Em numerosos países, e, em especial, no mundo anglo-saxão, a resposta é claramente positiva, inclusive, às vezes, nas estatísticas oficiais. Na França, onde o termo "raça" ganha terreno a cada dia no discurso popular, também nas mídias e até nos discursos políticos, resiste-se, no entanto, a legitimá-lo, a aceitar a idéia de que a realidade social construiu e impôs uma tal categoria.

O Racismo Institucional

Em 1967, Stokely Carmichael e Charles V. Hamilton, dois militantes do movimento negro norte-americano, publicaram uma obra, *Black Power: the politics of liberation in America* (Black Power: a política de liberação na América), em que eles explicam como funciona o racismo nos Estados Unidos: de duas maneiras, segundo eles, uma aberta e associada aos indivíduos; outra não declarada e institucional. A primeira é explícita; a segunda cessa de sê-lo e permite, no limite, dissociar o racismo em atos de intenções ou da consciência de alguns atores.

Nos Estados Unidos, o racismo institucional é descrito como algo que mantém os negros em uma situação de inferioridade por mecanismos não percebidos socialmente. Essa concepção do fenômeno renova a análise, e, ao mesmo tempo, inspira numerosos pesquisadores: o problema não é mais a existência de doutrinas ou de ideologias que se valem mais ou menos explicitamente da ciência, não é nem mesmo o que pensam as pessoas, ou qual é o conteúdo dos argumentos que utilizam ocasionalmente para justificar seus atos racistas. É no funcionamento mesmo da sociedade, da qual o racismo constitui uma propriedade estrutural inscrita nos mecanismos rotineiros, assegurando a dominação e a inferiorização dos negros sem que ninguém tenha quase a necessidade de os teorizar ou de tentar justificá-los pela ciência. O racismo aparece assim como um sistema generalizado de discriminações que se alimentam ou se informam uns aos outros: existe um círculo vicioso, já assinalado desde 1940 pelo economista Günnar Myrdal em sua obra clássica, *An American Dilemma* (Um Dilema Americano), que assegura a reprodução quase automática da discriminação dos negros na moradia, na escola ou no mercado de trabalho.

Um Racismo sem Atores?

O conceito de racismo institucional, tal como foi originalmente formulado por Carmichael e Hamilton, não recoloca em causa a idéia biológica de raça. Ele promove uma representação social que transcreve os relacionamentos sociais em termos de raça, visto que, no caso americano, os brancos podem ser apresentados como dominantes na estrutura social e os negros em posição desfavorável. Afasta-se das análises correntes do racismo científico que se interessam, sobretudo, por doutrinas e ideologias, para insistir nas práticas que asseguram a reprodução e a dominação. Traz em si, igualmente, a idéia de uma dissociação do ator e do sistema, e sugere que o racismo pode muito bem funcionar sem que preconceitos ou opiniões racistas estejam em causa. Assim, em uma obra que reúne entrevistas conduzidas com "racistas" brancos – *Portraits of White Racism* (Retratos do Racismo Branco) –, David T. Wellman mostra que a hostilidade e o preconceito com respeito aos negros podem muito bem estar ausentes de um discurso que nem ao menos leva à sua segregação ou à sua discriminação. Quando os brancos querem manter um *status quo* que os beneficia em detrimento dos negros, recusando mudanças institucionais que poderiam modificar a situação, eles não adiantam argumentos racistas; quando recusam o *busing* (transporte escolar por ônibus) obrigatório, isto é, a recolha escolar impondo uma mistura racial nas escolas, não é porque sejam necessariamente a favor da segregação racial: isso seria por não desejarem que seus filhos passem muito tempo nos transportes.

Poder-se-ia ilustrar esse raciocínio por dois exemplos franceses: quando pais de alunos solicitam que seus filhos sejam desobrigados de freqüentar a escola pública do bairro em que, segundo eles, o nível é ruim, ou quando eles os inscrevem no ensino privado, é amiúde porque constatam que ela acolhe muitos alunos provindos da imigração, mas não é necessariamente por racismo: eles querem assegurar à sua progenitura a melhor educação possível. Mas o resultado é que contribuem para produzir uma escola que tende à segregação, uma escola pública em duas marchas, a das populações saídas da imigração se diferenciando mais e mais, nestas condições, da dos "franceses de cepa". Segundo exemplo, que toca em um problema sociologicamente próximo do racismo, o sexismo: ninguém milita na França em favor da discriminação das mulheres na vida política, mas todos os indicadores mostram que seu acesso às responsabilidades ou à representação política é singularmente desigual, inscrito no funcionamento das instituições apesar das declarações igualitárias de todos os atores políticos ou institucionais.

Força e Fraqueza do Conceito de Racismo Institucional

Segundo a abordagem do racismo institucional, as camadas sociais dominantes não estão conscientes dos mecanismos de sua dominação e, no limite, podem permitir-se uma boa consciência compatível com convicções anti-racistas. Esse modo de análise implica que as lógicas pelas quais essas camadas podem julgar-se estrangeiras asseguram à discriminação um funcionamento mascarado ou invisível ao mesmo tempo que tiram vantagem delas. As causas do racismo são camufladas, não detectáveis aparentemente, enquanto seus efeitos são tangíveis.

A força do conceito de racismo institucional é indicar que o declínio das doutrinas científicas da raça não implica de modo algum a do próprio racismo: constata-se facilmente que lá onde o racismo está desqualificado politicamente, interdito por lei, arruinado aos olhos dos cientistas, lá onde os preconceitos não têm quase espaço para se exprimir, se nada é empreendido de maneira voluntária para contrariar as tendências espontâneas das instituições, os membros dos grupos vítimas do racismo permanecem confinados em postos subalternos da vida econômica e política, ou sofrem a discriminação no emprego, na habitação e na educação.

Mas a fraqueza desse conceito nascido nos Estados Unidos, que foi aplicado com grandes dificuldades por vários pesquisadores na experiência da Grã-Bretanha, é que ele desemboca, impelido a seu termo, em um paradoxo impossível de sustentar. Com efeito, implica que o conjunto daqueles que dominam são exteriores à sua prática e, ao mesmo tempo, dela se beneficiam; exonera cada um deles de toda suspeita de racismo, uma vez que, segundo essa teoria, somente as instituições, no fim das contas, funcionam no racismo e, ao mesmo tempo, ele faz recair sobre todos a responsabilidade do fenômeno.

A utilidade do conceito de racismo institucional é talvez, antes de tudo, a de pleitear para que se ouça aqueles que sofrem a discriminação e a segregação e que pedem as mudanças políticas e institucionais para retificar as desigualdades e as injustiças de que são vítimas. É um convite para debater, investigar, recusar uma cegueira que, em virtude da espessura e da opacidade dos mecanismos próprios ao funcionamento das instituições, permite a amplas parcelas da população beneficiar-se das vantagens econômicas ou estatutárias que o racismo ativo pode trazer, evitando ao mesmo tempo assumir seus inconvenientes morais. Ele preserva, dito de outra forma, a boa consciência daqueles que dele tiram proveito.

A tese do racismo institucional sugere que as formas contemporâneas do fenômeno podem, ao menos parcialmente, se desdobrar a partir de baixo, atravessando as estruturas sociais, sem ter necessidade de uma forte estruturação ideológica ou doutrinária; mas ela dá a entender que o racismo depende de mecanismos que funcionam sem atores sociais. E mais, em suas aplicações concretas, a noção de racismo institucional revigora as "raças" no quadro de uma representação superficial da sociedade reduzida à dominação dos brancos sobre os negros (nos Estados Unidos). É por isso que ela pôde ser combatida por pesquisadores de inspiração marxista, como Robert Miles[22], que a censuraram por ignorar as relações de classe e o papel do capitalismo. No fundo, a noção de racismo institucional apresenta a utilidade de acentuar as formas não-flagrantes ou brutais do racismo, suas expressões veladas, pois transitam nas instituições; mas ela se torna insuficiente a partir do momento em que faz do racismo um fenômeno abstrato, a repousar aparentemente sobre mecanismos abstratos, sem atores.

---

22. R. Miles, Racisme institutionnel et rapports de classe: une relation problématique, em M. Wieviorka (dir.), *Racisme et modernité*, p. 159-175.

O Racismo Cultural

Em 1968, em Birmingham, Enoch Powell, membro do "gabinete fantasma" conservador, profetizou, em um discurso que entrará para a história do Reino Unido, "rios de sangue" em seu país se a política que ele propunha ao partido conservador não fosse adotada: controle estrito da imigração, encorajamento à repatriação dos imigrados e ao reagrupamento familial no país de origem, oposição à legislação sobre a discriminação racial, que, segundo ele, daria aos britânicos de cor* mais direitos do que aos brancos. O contexto britânico é então o do aparecimento do National Front (1967), e tanto o discurso de Powell quanto o surgimento desse partido de extrema direita marcam o ingresso em um racismo renovado, cujo primeiro e mais importante analista será, para seu país, o politólogo Martin Barker.

O "Novo Racismo"

Em um livro publicado em 1981, *The New Racism* (O Novo Racismo), com efeito, Barker trata do *novo racismo*, isto é, da passagem da inferioridade biológica à diferença cultural na legitimação do discurso racista. Doravante, a argumentação racista não se fundamenta mais na hierarquia, mas na "diferença", não mais nos atributos naturais imputados ao grupo "racizado", mas na sua cultura, sua língua, sua religião, suas tradições, seus costumes. O *novo racismo*, nessa perspectiva, insiste na ameaça que a diferença dos grupos visados faria pesar sobre a identidade do grupo dominante. Ele exprime, no caso, um sentimento de ameaça sobre a homogeneidade nacional da Grã-Bretanha, que viu chegar desde os anos de 1950 ondas consideráveis de imigração provenientes das antigas colônias da

---

*. Foi mantida a expressão "de cor", como o original utiliza, embora esta forma de designar as pessoas de pele não branca tenha caído em desuso no Brasil. (N. da T.)

Commonwealth. Segundo esse ponto de vista, que parece renovar o discurso e a prática racistas, cada comunidade, étnica ou nacional, constitui uma expressão particular da natureza humana, nem superior, nem inferior: diferente.

Essa abordagem conheceu na Grã-Bretanha um eco bastante amplo, ela é alternada em particular por pesquisadores que, como Paul Gilroy[23], se inserem em uma tradição mais ou menos marxista, ou que se referem ao pensamento de Frantz Fanon[24], em quem já se encontra a denúncia do racismo cultural, em um sentido bastante próximo, efetivamente, daquele ao qual a noção de "novo racismo" reenvia. Não é, no entanto, um fenômeno exclusivamente britânico. Na França, a obra de Pierre-André Taguieff, *La Force du préjugé* (A Força do Preconceito), publicada em 1988, insiste também, em termos elaborados, na constituição na extrema direita de um *racismo diferencialista*, perceptível no campo doutrinário com, notadamente, as publicações e as reflexões do Grece ou do Club de l'Horloge, e, no campo político, com o discurso identitário do Front National; sua conceituação, mais abstrata e mais desenvolvida, aparenta-se com a de Barker, dando, ao mesmo tempo, mais nitidez à oposição entre hierarquia física e diferença cultural.

Nos Estados Unidos, é um outro conceito, bastante próximo, que foi forjado nos anos de 1970 para dar conta, ele também, do declínio do racismo clássico, o *racismo simbólico*. A fórmula designa as formas menos ostensivas ou flagrantes do fenômeno e, em particular, as variantes contemporâneas do preconceito com relação aos negros. Nessa perspectiva, trata-se doravante, para os racistas, de evocar não mais sua inferioridade biológica, física e intelectual, porém o fato de que, ao ser complacente nas facilidades da ajuda social ou deixando suas famílias se decompor, eles espezinhariam os valores culturais e morais

---

23. P. Gilroy, *There Ain't no Black in the Union Jack*.
24. F. Fanon, *Peau noire et masques blancs*; e *Les Damnés de la terre*.

da nação, a começar pelo trabalho e o senso de responsabilidade individual e de esforço.

Assim, os livros importantes de Barker e de Taguieff, aos quais se pode somar o de Étienne Balibar e Immanuel Wallerstein[25] ou os trabalhos de ciência política e de psicologia social dos pesquisadores americanos, vêm sublinhar de maneira nítida a passagem do racismo clássico, científico, para um racismo "novo", "cultural", "diferencialista", "simbólico". Um "neo-racismo" chamado assim, por vezes, que parece afastar o princípio da hierarquia biológica em proveito do da diversidade cultural. Esse novo discurso racista se legitimaria menos pela invocação de uma desigualdade das "raças" do que pela idéia da irredutibilidade e da incompatibilidade de certas especificidades culturais, nacionais, religiosas, étnicas ou outras. O Outro, nessa perspectiva, sentido como se não tivesse nenhum lugar na sociedade dos racistas, é percebido como a negação de seus valores ou de seu ser culturais. Mas será ainda preciso falar de racismo quando a rejeição e o ódio se fundem na diferença cultural?

Debates Renovados

É preciso ser muito prudente quando se trata de qualificar de racistas discursos e condutas que procedem do apelo à integridade das culturas. Quem, por exemplo, irá alimentar a suspeita de racismo em relação ao antropólogo Claude Lévi-Strauss[26], quando ele propõe que as diferentes culturas apenas se comuniquem entre si na medida em que não corram o risco de se contaminarem? Para que haja racismo, faz-se necessário certamente mais do que a defesa ou a promoção da diferença cultural enquanto tal. É preciso, em especial, ter a idéia de que se nasce em uma cultura e não de que se pode adquiri-la, é preciso que a

---

25. É. Balibar; I. Wallerstein, *Race, Classe, Nation*.
26. Claude Lévi-Strauss, *Race et Histoire*; e Race et Culture, *Revue internationale des sciences sociales*, n. 4, p. 647-666.

cultura seja concebida como um atributo relevante de um passado comum ao qual alguns pertencem e outros não, sem que possa haver realmente nela passagem, inclusão: "Um antilhano ou um asiático, pôde dizer Enoch Powell em Eastbourne, em novembro de 1968, não se tornou um inglês ao nascer na Inglaterra. Ele é um cidadão britânico aos olhos da lei por seu nascimento, mas, de fato, é sempre um antilhano ou um asiático"[27].

Essa premissa abre um vasto conjunto de debates. As primeiras questões são de ordem teórica. Se uma cultura é totalmente irredutível à outra, se aquele que nasceu, por exemplo, no seio de uma minoria saída de uma imigração não tem supostamente nenhuma capacidade de assimilar a cultura do país de acolhimento, conforme apregoa o discurso do "novo racismo", isso não resulta em naturalizar a cultura, em lhe conceder os atributos da natureza, da raça no sentido biológico da palavra? Por trás da referência à cultura, não existe no racismo diferencialista a idéia de características inscritas nos genes ou ligadas a um fenótipo? Se não, aquele que professa não gostar de determinada religião, por exemplo, merece ser qualificado de racista, o que é excessivo, salvo se há por trás do julgamento sobre a religião em questão a idéia de uma essência quase natural.

O conceito de racismo cultural introduz, pois, um problema teórico. Ademais, aqueles que se valem disso não o fazem sempre com conhecimento de causa, e ele aparece na experiência que é, por vezes, utilizada a propósito das populações acusadas, ou suspeitas, de funcionar segundo um modo comunitário que é em larga medida da ordem do fantasma, enquanto poupam outras, elas próprias, no entanto, mais estruturadas segundo o modo da comunidade. Assim, na França, o racismo antiimigrantista visa antes de tudo às populações provindas da África do Norte, cuja integração cultural é acentuada e rápida, como sublinha Michèle Tribalat[28], ao passo que poupa as minorias, asiáticas,

---

27. R. Miles, op. cit.
28. M. Tribalat, *Faire France*.

ou mesmo a portuguesa, cujas formas de organização comunitárias, ao mesmo tempo econômicas e culturais, são nitidamente marcadas. Qual é, por conseguinte, o alcance do conceito de racismo cultural, e dos conceitos vizinhos, se são aplicados a grupos pouco diferenciados culturalmente, e deixam de lado grupos que o são mais?

Dois Racismos ou Duas Lógicas?

Essas últimas interrogações nos aproximam do debate principal que o tema do diferencialismo cultural introduz, ou melhor, renova, e que versa, muito mais em profundidade, sobre a natureza mesma do racismo. Duas teses aqui merecem ser opostas a partir, precisamente, da imagem de duas lógicas distintas.

Uma primeira tese, ilustrada em especial por Pierre-André Taguieff[29], consiste em endurecer a distinção entre racismo clássico, científico, e racismo contemporâneo, cultural, até considerar a idéia de uma mudança radical. Apresentar-se-iam nessa perspectiva dois racismos, que se teriam *grosso modo* sucedido na história, por volta dos anos de 1950 ou 1960, à saída da experiência decisiva do nazismo depois da descolonização. O racismo clássico, científico, é antes universalista, dominado por uma temática da hierarquia das raças; ele atribui aos grupos caracterizados pela raça um lugar na sociedade considerada, nas relações de produção, quer se trate de exploração colonial, ou da que se processa, eventualmente no coração das metrópoles, na indústria ou nos serviços urbanos, ou ainda nos campos. O novo racismo é diferencialista, tende a rejeitar, a excluir e não a incluir, a destruir ou a apartar. Nessa perspectiva, a distinção analítica serve igualmente para ler a mudança histórica, visto que o racismo científico inscreve-se na ordem do passado, e que o racismo cultural domina o presente.

---

29. P.-A. Taguieff, *La Force du préjugé.*

A essa primeira tese, oporemos uma outra que considera a existência não de dois racismos, mas de duas lógicas distintas, de hierarquização e de diferenciação, contraditórias e, no entanto, necessariamente co-presentes em toda experiência significativa do racismo. Uma lógica de pura hierarquização, universalista caso se prefira, dissolve a raça nas relações sociais, faz do grupo caracterizado pela raça uma classe social, uma modalidade extrema do grupo explorado, e da questão da raça, na realidade, uma questão social. É assim que, quando a questão do negro, nos Estados Unidos, torna-se a da exclusão social e da pobreza da *underclass* (subclasse) negra no hipergueto das grandes cidades desse país, torna-se legítimo, como fez o sociólogo William J. Wilson, falar da "significação declinante da raça", segundo o título de um de seus trabalhos, *The Declining Significance of Race* (O Significado Declinante de Raça), publicado em 1978.

E, simetricamente, uma lógica de pura diferenciação, que tende a recusar os contatos e as relações sociais, remete à imagem da exterioridade radical dos grupos humanos considerados, que não têm, no limite, nenhum espaço comum para desenvolver a mínima relação, seja ela racista ou não. Torna-se, pois, impossível nesse caso transcrever o racismo em atos e, portanto, fica sem alcance para seus promotores (o que faz, por exemplo, com que os partidos racistas da Europa ocidental, como o Front National na França, possam manter excelentes relações com países estrangeiros povoados por árabes ou muçulmanos, e achar sua cultura respeitável, contanto que ela esteja afastada), ou ele é lançado em processos de puro extermínio, que, quando chega ao resultado, aniquilam seu objeto.

As grandes experiências históricas do racismo combinam de fato, cada uma a sua maneira e com eventuais variações no tempo, as duas lógicas principais do racismo. O *apartheid*, na África do Sul, quis, ao mesmo tempo, inferiorizar e explorar os negros e mantê-los à parte; a destruição dos judeus da Europa, pelos nazistas, foi o resultado de uma lógica diferencialista, mas ao longo de toda a história do nazismo os judeus foram também explorados, inclusive na fase derradeira de sua destruição, pois que um certo número deles foi obrigado a trabalhar a fim de participar do esforço de guerra do III Reich. Seu extermínio passou por processos em que foram também espoliados de seus bens e utilizados, e em que diversos elementos de seus corpos foram manipulados ou recuperados para fins de produção industrial, científica ou outros.

É tanto menos legítimo falar de *novo racismo* para justificar uma lógica de pura diferenciação a resultar na rejeição e na destruição dos homens, dos povos e das culturas quanto essa lógica está maciçamente presente em toda a história da era moderna, ainda que seja apenas com os massacres ligados à colonização.

Cumpre, portanto, ao mesmo tempo, interrogar-se sobre a pertinência da idéia de uma mudança radical nas lógicas profundas do racismo, e admitir que historicamente, nas sociedades ocidentais contemporâneas, uma tendência ao reforço da lógica da diferenciação está em curso, com base na fragmentação cultural e no surto dos nacionalismos, enquanto o racismo universalista, ligado à idéia de hierarquia das raças e enfraquecido pelo declínio da idéia científica de raça, pode parecer menos impregnante.

2. O ESPAÇO DO RACISMO

Não se pode pensar e analisar o racismo sem observar suas manifestações concretas e o contexto no qual se exprimem. O racismo deve ser considerado o fruto de mudanças ou de situações nas quais ele acompanha ou fundamenta relações sociais. Na escala da história, ele é o produto da entrada na era moderna e sua posterior consolidação, ele procede das grandes descobertas, que introduzem uma relação entre a Europa ocidental e os novos continentes, caminha paralelamente à colonização, é indissociável dos movimentos migratórios, é consubstancial também à expansão do capitalismo, à industrialização, à urbanização.

Esse ponto de vista repousa na idéia de que o racismo não é apenas um fenômeno puramente ideológico, político ou doutrinário, um conjunto de modos de pensar que depende da história das idéias e da filosofia política. Deve ser compreendido como um componente de condutas entre grupos humanos, as quais tomam a forma do preconceito, da discriminação, da segregação, que serão considerados no capítulo 3, mas também o da violência, que será objeto do capítulo 4.

Essa perspectiva permite incluir a análise das condições sócio-históricas do surgimento e desenvolvimento do racismo científico, e depois das idéias que animam o *novo racismo*. Combina, de fato, o exame dos grandes processos históricos da era moderna, a começar pela expansão da Europa, e o estudo das sociedades que, em seu seio, viram a questão do racismo assumir uma feição aguda ou particularmente significativa.

O racismo é, com efeito, uma questão verdadeiramente moderna a partir do momento em que ele diz respeito não a grupos humanos em posição de grande exterioridade mútua, de estranheza radical, de distância não abolida, nem de grupos humanos que se ferem, ou inauguram seu encontro, como foi o caso do início da colonização, mas de grupos humanos destinados a viver em uma mesma unidade econômica, política ou social, em particular em um mesmo conjunto jurídico-político – aquele que constitui, notadamente, um Estado. A abordagem concreta do racismo implica, pois, examinar a contribuição das pesquisas que estudam o funcionamento de certas sociedades, quer se trate, por exemplo, dos Estados Unidos da América, em que a questão negra é estrutural, ou de países da Europa, em que o anti-semitismo e a rejeição aos ciganos puderam desempenhar um papel importante.

Pôr em relação o racismo e a modernidade pode nos ajudar a construir um quadro conceitual que balize o espaço no interior do qual são suscetíveis de se manifestar idéias e práticas racistas. Esse espaço se organiza em quatro pólos principais que correspondem cada qual a uma fonte virtual de racismo. Duas lógicas principais são postas a operar aqui: a primeira opõe a participação individual à vida econômica e política moderna, e a pertinência a uma identidade coletiva, na qual a pessoa é concebida como subordinada a uma comunidade, sua cultura, suas leis, suas tradições; a segunda, se desejamos retomar as categorias apresentadas no capítulo precedente, opõe uma visão de mundo, a dominante, de preferência universalista (mas não exclusivamente), a uma outra, de preferência diferencialista. Os quatro pontos cardeais no espaço do racismo correspondem às quatro combinações possíveis dessas duas lógicas.

O Racismo Universalista

O primeiro pólo corresponde ao racismo que acompanha a modernidade triunfante, no momento em que ela se apresenta como referência ao progresso, à nação universal, ou ainda a um projeto de evangelização religiosa: a marcha para frente daqueles que se identificam com a modernidade é vivida ou apresentada como uma oportunidade histórica oferecida àqueles com as quais ela cruza em sua progressão, e que não admitem que eles se lhes possam recusar. Todo obstáculo erguido no caminho da inclusão na modernidade por aqueles que supostamente dela se beneficiam é suscetível de ser combatido em categorias raciais que permitirão ao mesmo tempo denunciar o obscurantismo, destruir as resistências mais sistemáticas de uns, e justificar a exploração de outros, preço a pagar por esses últimos pela entrada por baixo no mundo moderno.

O colonialismo proveio em larga escala de um racismo que pôde ser qualificado de universalista, conduzido por elites políticas ou por atores econômicos, culturais ou religiosos, que promoveram suas relações com os povos colonizados (ou resistentes à colonização) seja preferencialmente por uma lógica de diferenciação, resultando, por vezes, em pavorosas violências, seja de preferência por uma lógica de inferiorização. Esta podia visar exclusivamente a exploração econômica dos grupos envolvidos; podia também pretender fazê-los ingressar no progresso, autorizá-los a se identificar à nação conquistadora ou dominante. É por isso que a nostalgia da época colonial se tinge por vezes, na França, de um discurso vagamente progressista, com a sugestão de que não se fazia nada mais senão ajudar as crianças das escolas a chegar ao universal, ensinando-lhes, em todas as colônias, que há dois mil anos a história começava para eles, como na metrópole, com "nossos antepassados os gauleses".

O racismo universalista é por vezes brutal, por vezes condescendente; ele não é verdadeiramente universalista senão quando pretende efetivamente integrar na modernidade os povos por eles visados, dissolvê-los nela por assimilação, assegurando a cada pessoa um tratamento individual igualitário, o dos direitos do homem e do cidadão. As duas lógicas que o animam, de inferiorização e de diferenciação, podem muito bem, por uma mesma experiência histórica, sucederem-se: na Austrália, por exemplo, a colonização caracterizou-se a princípio pela intenção de incorporar os aborígenes à "civilização", convertendo-os em mão-de-obra para tarefas, de preferência, penosas – a lógica era, pois, primeiramente de inferiorização. A resistência deles fez então com que uma lógica diferencialista de afastamento e de destruição se impusesse, perdurando até 1950, quando as crianças aborígenes, arrancadas de seus pais e de sua cultura, levadas para pensionatos, foram deixadas na ignorância de suas origens familiares para serem mais bem assimiladas: o racismo, aqui, desemboca não apenas no genocídio, mas em um etnocídio (destruição de um povo), pois destrói uma cultura pretendendo, em sua fase última, não destruir os indivíduos – cuja personalidade ele na realidade destroça, bem como as chances de que possam construir-se como sujeitos.

O Racismo da Queda e da Exclusão Social

O segundo pólo corresponde às situações nas quais grupos ou indivíduos vivem uma forte queda social e são marcados pela exclusão ou sua ameaça. Esses fenômenos desembocam em um racismo particularmente agudo nos períodos de mutação social ou de crise econômica. O racista, aqui, é aquele que perdeu seu *status* ou sua posição social ou teme perdê-los, ou quer se proteger dos riscos da queda. É mais ou menos rejeitado fora do mundo do trabalho se ele pertence ao mundo industrial, não escoa mais sua produção se explora uma propriedade agrícola; ou então ainda mora nos quarteirões desagregados do *inner city* (centro decadente) americano ou nos subúrbios degradados da França, e tem o sentimento de declínio ao partilhar das condições de existência dos negros ou dos imigrados.

Seu racismo, nesse caso, é semelhante a um reflexo de "pobres brancos", ele visa prioritariamente os que lhe são próximos socialmente, os negros dos estados do sul agrícola americano no fim do século XIX, ou os que penetram na indústria das grandes metrópoles do norte a partir da década de 1910, os imigrados dos subúrbios franceses de hoje. Esse racismo constitui correntemente um dos componentes de um discurso e de uma ação populistas, que denunciam a classe política, o Estado, os intelectuais ou os "ricaços". O racista se nutre ali de uma representação invertida do grupo visado: para ele, o Outro está em vias de ganhar pontos enquanto ele se vê em plena queda, ou se sente singularmente ameaçado.

Esse racismo não é uma recusa da modernidade, mas uma recusa de ser dela expulso, que se volta contra os grupos acusados de penetrar nela. É um apelo à participação na vida moderna, no dinheiro, no emprego, no consumo, na educação, ele permanece apoiado na modernidade, o que não o proíbe de prolongar-se e inverter-se em atitudes antimodernas.

A Identidade Contra a Modernidade

Um terceiro pólo corresponde à referência a uma identidade nacional, étnica, religiosa, ou outra, quando ela é apresentada para se opor à modernidade. Essa resistência pode emanar com a aparência de uma identidade estabelecida de longa data, de uma tradição, ou, para falar como Edward Shils[1] ou Clifford Geertz[2], proceder de laços apresentados como "primordiais".

Nas sociedades modernas, as identidades aparentemente tradicionais são construções sociais que tomam suas referências emprestadas do passado, sem estar necessariamente ancoradas na continuidade de uma longa tradição. A modernidade contemporânea permite a invenção de tradições, ainda que seja apenas sob as formas de uma "bricolagem", segundo a expressão de Claude Lévi-Strauss, na qual diversos materiais emprestados do passado são integrados de modo sincrético a elementos mais novos para se apresentar na forma da tradição. Por exemplo, a identidade bretã remete-se freqüentemente a uma longa história e tradições, enquanto a dança, a música, a arquitetura bretãs devem muito a inovações realizadas nos séculos XVII, XVIII, XIX, combinadas e mescladas a elementos mais antigos. Não é raro que tais invenções procedam do caso da figura precedente, de uma situação, real ou temida, de perda de posição social ou de exclusão: os dramas e as apreensões ligados ao desemprego, à miséria, aos problemas de moradia, de superendividamento, da escolaridade das crianças ou da saúde que desembocam, então, para além de um populismo ainda favorável aos projetos de modernização, em um nacionalismo, um apelo a etnicidade ou à religião, que se tornam antimodernos, deslastram-se de toda visada universalista e tendem ao integrismo ou ao radicalismo do enclausuramento na cultura.

A partir daí, como demonstrou Étienne Balibar a propósito do nacionalismo, o racismo encontra seu lugar, de

---

[1]. E. Shils, Primordial, Personal, Sacred and Civil Ties, *British Journal of Sociology*, p. 130-145.
[2]. C. Geertz, The Integrative Revolution: primordial sentiments and civil politics in the New States, em *Old Societies and New States*.

maneira bastante fácil: ele constitui um verme usualmente presente no fruto da idéia de comunidade nacional (ou outra):

> O racismo não é uma "expressão" do nacionalismo, mas um suplemento de nacionalismo, ou melhor, um suplemento interior ao nacionalismo, sempre em excesso quanto a ele, mas sempre indispensável à sua constituição e, no entanto, ainda assim insuficiente para rematar seu projeto[3].

Outros casos dessa figura são possíveis, em que a identidade, mesmo que ela possa estar no estágio inicial de recepção da modernidade, termina por se lhe opor em vez de se incluir nela. Depende, em especial, de situações em que um grupo afirme sua identidade comunitária, religiosa, nacional, étnica para denunciar racialmente um outro grupo acusado de encarnar a modernidade, de contribuir para sua extensão em sua exclusiva vantagem, de monopolizá-la de maneira injusta, maligna, e em detrimento da identidade do grupo racista.

Desde há muito tempo, os judeus, em numerosos países, são também acusados de personalizar o câmbio, o dinheiro, a industrialização, o capitalismo, as mídias corruptoras da tradição, mas também, o que não é jamais senão outra face da modernidade, as idéias comunistas ou a ação revolucionária. O anti-semitismo, sem jamais se reduzir a essa única dimensão, constitui muito comumente uma expressão do ódio ou do medo da modernidade, ou da incapacidade de dominá-la, ou ainda do ressentimento de grupos que, não podendo ser nela incluídos, voltam-se contra aqueles que a encarnam a seus olhos.

Nas sociedades ocidentais, as diásporas de origem asiática, sobretudo quando deram provas de dinamismo econômico e, ao mesmo tempo, de capacidade para manter uma vida comunitária, suscitam do mesmo modo um ra-

---

3. É. Balibar; I. Wallerstein, *Race, Classe, Nation*, p. 78.

cismo composto, sobretudo, de preconceitos e de rumores, que dependem, parcialmente pelo menos, desse terceiro caso de figura.

O Racismo das Identidades em Conflito

Enfim, o quarto pólo corresponde a atitudes e a condutas manifestadas em nome de uma identidade cultural, em oposição a grupos definidos como culturalmente distintos, independentemente de toda referência à participação na modernidade, ou a seu controle. O racismo surge aqui no quadro das tensões interculturais ou interétnicas, em que uma dialética das identidades pode se processar: toda afirmação identitária ou comunitária de um grupo, mesmo extremamente minoritário, pode acarretar, como efeito, a exacerbação identitária de outros grupos, a começar pelo grupo dominante ou majoritário.

Tais processos são favorecidos pela forte visibilidade dos grupos e comunidades que deles participam. No limite, podem depender de uma aproximação nos termos da *race relations*, no prolongamento das perspectivas abertas pela Escola de Chicago desde os anos de 1920. Mas o racismo, em suas dimensões interculturais, não implica necessariamente a experiência partilhada ou a co-presença. O medo, o ódio podem construir-se e manifestar-se com uma larga carga de fantasmas mediante simples representações das comunidades tidas como ameaçadoras ou supérfluas, e cuja afirmação identitária é sublinhada ou sugerida, por meio daquilo que dizem a seu respeito as mídias, em especial a televisão, ou nos rumores e nas conversas da vida cotidiana.

A produção do racismo não tem necessidade de que existam concretamente "relações de raças"; ela requer em primeiro lugar condições que digam respeito ao único ator racista, sua educação, seu meio familiar; às transformações políticas, econômicas e culturais que afetam o grupo ao qual ele pertence. A dialética das identidades desenvolve-se *também*, como já indicaram numerosos autores mais ou menos inspirados pela psicanálise, de John Dollard a Julia Kristeva passando por Theodor Adorno, a partir de uma estrutura da personalidade ou de uma economia psíquica que se enraízam na educação e na primeira infância, e no funcionamento do grupo racista, como no dos grupos-vítimas, independentemente de seus contatos reais. É assim, por exemplo, que o surto contemporâneo, na Europa ocidental, de nacionalismos xenófobos e racistas, animados pelo ódio à imigração, deve muito a afetos que têm só muito parcialmente a ver com a realidade dessa imigração ou com uma experiência partilhada com ela; e muito mais com um sentimento de ameaça geral à identidade nacional, ela mesma ligada a dificuldades sociais ou a processos muito mais amplos – globalização da economia, internacionalização da cultura sob a hegemonia americana, construção da Europa, por exemplo. Do mesmo modo, foi possível falar de um anti-semitismo sem judeus, a propósito do nacionalismo e do comunismo em certos países da Europa Central do pós-guerra.

Certas sociedades ocidentais, na atualidade, e a França, muito particularmente, são o teatro de processos de fragmentação social e cultural, nos quais a idéia de nação carrega precariamente o quadro simbólico e cultural ou o horizonte geral da vida coletiva. A idéia de nação, com efeito, retrai-se em nacionalismo mais ou menos racista, xenófobo e anti-semita e, ao mesmo tempo, se afirmam todas as espécies de identidades particulares – étnicas, religiosas, de gênero, ligadas a uma deficiência física etc. – que se apresentam mais ou menos reivindicativas no espaço público. Esses processos podem muito rapidamente prolongar-se pela redução dos atores a uma essência, uma natureza, uma raça, e não mais a uma cultura, caso em que constituem outros tantos fatores de "racialização" da vida coletiva. A história recente mostra que, se tais processos não forem levados em conta politicamente e de maneira democrática, podem desembocar em terríveis violências.

O Espaço Teórico do Racismo

O espaço sociológico do racismo na era moderna pode ser representado em quatro pólos principais, que definem cada qual uma modalidade particular de tensão e de oposição entre a participação individualista na modernidade e o recolhimento ou a afirmação identitária.

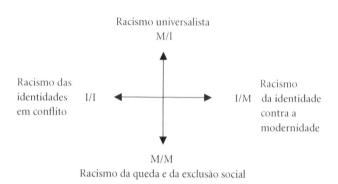

M: participação na modernidade
I: afirmação de uma identidade

Esses pólos são construções analíticas e na prática concreta, histórica, os atores ou os ideólogos do racismo não se reduzem jamais a tipos sociologicamente "puros". Eles procedem antes de combinações ou de posições complexas, cuja localização em nosso esquema, para um mesmo ator ou um mesmo ideólogo, é suscetível de variar com o tempo. O caráter sincrético do racismo é tanto mais a regra, quanto menos o pensamento racista for embaraçado por suas contradições internas, e quanto menos tiver como preocupação a articulação, de maneira racional ou coerente, dos diferentes elementos dos quais ele procede. O racismo funde ou amalgama as significações, mesmo as mais opostas; pode visar um grupo para melhor excluí-lo (por exemplo em nome de uma diferença cultural julgada irredutível e, portanto, naturalizada, racizada), e simultaneamente esforçar-se para incluí-lo (por exemplo para explorá-lo e tirar proveito dele).

Esse quadro geral de análise corresponde a uma definição da modernidade que enxerga aí, fundamentalmente, uma tensão e portanto, também, uma articulação entre dois registros distintos: de um lado a razão, o progresso, a mudança, a referência aos valores universais tais como eles foram formulados, em especial, pelas Luzes; e de outro lado os sentimentos, os afetos, as identidades culturais, definidas nos quadros históricos, religiosos, étnicos, nacionais ou outros. Esses dois registros remetem aos dois eixos que estruturam o esquema acima, unindo seus pontos cardeais dois a dois, e fazem do racismo o conjunto das modalidades de seu relacionar-se.

Ora, após o fim da Segunda Guerra Mundial, e com uma aceleração, no decorrer dos anos de 1970, as sociedades ocidentais (mas não apenas) conhecem tantas mudanças, que é possível falar, no caso delas, de crise da modernidade e até, segundo certas análises e reflexões, de ultrapassagem pós-moderna. A idéia de uma tensão, de uma articulação ainda possível entre os dois registros que definem modernidade, deixa lugar a outras representações do mundo contemporâneo, nas quais dominam as imagens da dissociação e da ruptura. A razão instrumental, o funcionamento planetário da economia, ou o progresso científico e tecnológico parecem cada vez mais ameaçar as culturas no seu ser e em sua existência, se opor a elas. A "desmodernização", como diz Alain Touraine, é, "para retomar as palavras antigas, a dissociação do espaço ocupado e da alma, da economia e das culturas, das mudanças e das identidades"[4]. Nessa perspectiva, o racismo não pode mais ser analisado apenas vinculado à era moderna, ao seu

---

4. A. Touraine, *Pourrons-nous vivre ensemble?*, p. 40.

nascimento e depois ao seu funcionamento; sua abordagem deve incluir também essa grande transformação, essa desmodernização, que constitui uma de suas modalidades. O racismo é um fenômeno moderno e, ao mesmo tempo, associado à ultrapassagem ou à crise da modernidade.

Isso não invalida o esquema precedente, mas convida, para pensar as formas contemporâneas do racismo, a reforçar seu eixo horizontal. Se na era clássica o eixo vertical podia parecer essencial, nos processos contemporâneos, com efeito, o racismo aparenta-se em muitos aspectos a uma guerra das culturas e das identidades. É, sobretudo, a rejeição, ou o distanciamento da diferença cultural, percebida como ameaçadora. O Outro, desse ponto de vista, definido pelos costumes, pelas tradições, uma alteridade irredutível, deve ser eliminado, expulso, ou ao menos mantido a distância, posto à parte. A lógica da diferença, sem ser a única em causa, parece atualmente bem mais forte do que a da inferiorização, que consiste antes de tudo em pôr na dianteira os atributos naturais para melhor explorar o Outro no seio das relações sociais ou coloniais em que ele se situa.

Racismo e Anti-semitismo

Até aqui, tratamos do racismo nele incluindo o anti-semitismo, sem precaução particular. Mas será que podemos apenas fazer do segundo um simples caso particular do primeiro?

A resposta depende da perspectiva e das orientações teóricas nas quais nos situamos. Um ponto de vista histórico, em especial, pode bem facilmente ser oposto a um ponto de vista sociológico. O anti-semitismo, com efeito, prolonga um antijudaísmo tão antigo quanto a religião judaica. O ódio aos judeus tem uma espessura histórica tal, que não se pode de maneira alguma reduzi-lo apenas aos tempos modernos, como fizemos, quanto ao essencial, no que concerne ao racismo.

Esse argumento, que dissocia nitidamente os dois fenômenos, fica um pouco enfraquecido se consideramos, precisamente, não mais o ódio propriamente social e cultural aos judeus, mas sua transformação em um fenômeno racista, o que milita, aliás, em favor da idéia de um laço entre racismo e modernidade. Pode-se, na verdade, datar as primeiras expressões racistas do anti-semitismo na Espanha da *Reconquista* e das grandes descobertas, quando os judeus foram expulsos desse país (e de Portugal), e quando os estatutos de "pureza de sangue" foram talvez a primeira expressão clara de um racismo biológico pelo qual o sangue judeu, como o explicava um polemista do século XVI, citado por Charles Amiel[5], corrompe o homem e se assemelha a um veneno – um *quasi venenum*. Na Espanha pós-1492, com efeito, os judeus não têm mais seu lugar e, se aí subsistem, estão ocultos, mais ou menos falsamente convertidos, marranos, e de fato considerados pelo poder biologicamente diferentes. Todo trabalho de alguma importância no exército, na administração ou na Igreja foi há muito tempo, em princípio, interdito aos espanhóis se não pudessem produzir uma genealogia virgem de toda ascendência judaica[6]. Acrescentemos que o próprio termo "anti-semitismo" data do fim do século XIX. Sua invenção é geralmente imputada a Wilhelm Marr, jornalista de Hamburgo, que o utiliza em 1873 em um libelo intitulado *La Victoire du judaïsme sur le germanisme* (A Vitória do Judaísmo sobre o Germanismo).

De um ponto de vista mais analítico do que histórico, é muito mais fácil fazer do anti-semitismo um caso particular de racismo, se o situarmos em uma perspectiva que se dedica particularmente a pesquisar pontos comuns nas significações das condutas de oposição a judeus, a negros ou outros. O esquema apresentado acima, por exemplo,

---

5. C. Amiel, La "pureté de sang" en Espagne, *Études interethniques*, n. 6, p. 27-45.
6. Cf. L. Poliakov, Du marranismo, em I. B. Zvi, *Les Tribus dispersées*; e Antisémitisme, em *Encyclopedia Judaïca*.

pode facilmente servir para ler a experiência do anti-semitismo desde o final do século xix. Os judeus, de fato, com freqüência personificaram o dinheiro, a modernização, a mudança, um universalismo associado à imagem do cosmopolitismo, ou a ideologias comunistas e revolucionárias. O anti-semitismo pôde então reprová-los em nome da defesa de uma tradição, de uma nação ou de uma religião, definidas mais como hostis à modernidade do que em virtude de um desejo mais ou menos frustrado de nela participar.

E, bem diferentemente, os judeus puderam amiúde encarnar uma tradição, uma religião, práticas julgadas ocasionalmente obscurantistas, e às quais o anti-semitismo pôde se contrapor, seja em nome de uma outra tradição, cristã por exemplo, seja em nome de uma modernização que procura fazer desaparecer seu particularismo, como foi o caso da maioria dos poderes comunistas no Leste europeu até a queda do muro de Berlim.

Os quatro pontos cardeais de nosso esquema permitem, por exemplo, ler a experiência do anti-semitismo vivido pelos judeus da Polônia ou da Rússia até os últimos anos[7], mas, além disso, o que tínhamos dito da capacidade do racismo de amalgamar as significações contraditórias aplica-se perfeitamente a essa experiência.

Um outro argumento milita em favor da idéia que faz do anti-semitismo uma forma particular de racismo. Ele se prende ao fato de que o nazismo, que, como vimos, constituiu o apogeu do racismo científico, atacou antes de tudo, precisamente, os judeus, obrigando, segundo diz Zygmund Bauman[8], a pensar a *Schoá* não como uma aberração da modernidade, mas como uma de suas modalidades paroxísticas. É verdade que certas abordagens sociológicas, em particular de inspiração hegeliana ou marxista, como a de Oliver C. Cox[9], consideram que as

---

7. M. Wieviorka et al., *La France raciste*.
8. Z. Bauman, *Modernity and the Holocaust*.
9. O. C. Cox, *Caste, Class and Race*.

funções sociais do racismo e do anti-semitismo são tão diferentes, que convém distinguir bem os dois fenômenos: para essas abordagens, o anti-semitismo visa comumente o judeu como símbolo do poder, do capital ou do dinheiro, lá onde o racismo inferioriza os negros, já socialmente despojados. O debate permanece aberto, mas a tese de que o anti-semitismo se adere à família mais ampla do racismo parece, à luz de um exame detido, mais forte que a tese contrária.

3. A DIVERSIDADE DAS EXPRESSÕES CONCRETAS DO RACISMO

As ciências sociais no início contribuíram talvez mais para a elaboração e formatação do racismo do que ajudaram a constituí-lo como objeto de análise e reflexão. Tiveram muita dificuldade para se desprender do estudo das raças humanas e hesitam ainda em romper com a idéia de raça, propondo antes, de Gabriel Tarde a Claude Lévi-Strauss e passando por Franz Boas ou Ludwig Gumplowicz, derrubar os esquemas de pensamento que explicam a vida social e a cultura pela raça, em proveito de argumentos nos quais a raça se torna uma resultante da cultura: "Em vez de nos perguntarmos, longe disso, se a cultura é ou não função da raça", explica Lévi-Strauss em uma célebre conferência[1], "nós descobrimos que a raça – ou o que se entende geralmente por esse termo – é uma função entre outras

---

1. C. Lévi-Strauss, Race et Culture, op. cit.

da cultura". A raça, nessa perspectiva, não é uma realidade biológica ou genética, mas uma construção social.

Alguns grandes pensadores sociais e políticos, desde o auge da época da ciência racial, assumiram sem ambigüidade suas distâncias, com respeito ao racismo (*avant la lettre* já que o termo foi forjado entre as duas guerras) e, de maneira menos nítida, em relação à idéia de raça. É assim o caso, em especial, de Alexis de Tocqueville[2], para quem os negros são tão capazes quanto os brancos de alcançar um alto nível de civilização se as condições lhes permitirem, e, sobretudo, propõe um raciocínio sociológico para justificar o racismo dos "pequenos brancos" americanos; ou ainda de Max Weber[3], que se inquieta com a ascensão do anti-semitismo na Alemanha do começo do século, e propõe primazia para as explicações sociológicas da vida social sobre as que se baseiam na biologia.

Nos Estados Unidos, as primeiras pesquisas que abrem via para a compreensão do racismo são, como vimos, o trabalho da Escola de Chicago, que promoveu, sob a alçada de Robert E. Park, o estudo das *race relations*. "Proto-sociologia" do racismo, segundo a palavra de Michael Banton[4], esse estudo havia sido preparado já, em especial, pelo trabalho militante de W. E. B. Du Bois, em sua célebre monografia sobre os negros de Filadélfia[5], como também por diversos pesquisadores. Seu trabalho se assenta na observação empírica, de campo, e analisa os contatos e os conflitos físicos, geográficos, territoriais, econômicos, culturais, sem pôr em causa a idéia de raça, na verdade interessando-se, essencialmente, na maneira como diferentes grupos étnicos geram seus relacionamentos e evoluem no espaço urbano. Procede em muitos aspectos, como em Robert Park, Ernest Burgess entre outros, daquilo que Everett Hughes denominou uma "ecologia do contato étnico ou racial".

2. A. de Tocqueville, *De la démocratie en Amérique*.
3. M. Weber, *Économie et société*.
4. M. Banton, *Racial Theories*.
5. B. W. E. Du Bois, *The Philadelphia Negro*.

O estudo das *race relations* se complica, e se torna preciso, com o aporte de W. Lloyd Warner, com a idéia de uma dupla distinção, de classe e de casta, permitindo pensar as relações de raças na época do desenvolvimento da indústria e da formação de um proletariado industrial negro: primeiramente, brancos e negros estavam separados pelo que Warner denomina uma linha de casta, que se desloca a partir do momento em que os brancos e os negros se encontram do mesmo lado nas relações de classes.

Desde então, começamos a dispor de um conjunto de modos de acesso, que, ao se diversificar, permitirá abordar o racismo como um fato social. Cada uma dessas abordagens corresponde a orientações intelectuais gerais; umas, por exemplo, são de inspiração psicológica, em geral psicanalítica; outras procedem de um marxismo ainda muito falho, com Oliver C. Cox, depois mais elaborado etc. E todos contribuem, dando ao racismo a imagem de um fenômeno que pode se revestir de formas diversificadas, e, por isso, impedem de reduzi-lo às doutrinas e às ideologias que constituíram com freqüência, ou por muito tempo, o essencial das preocupações de seus analistas.

O Preconceito

Uma primeira forma elementar do racismo é dada pelo preconceito, ao qual associaremos aqui a categoria relativamente vizinha do rumor. O racismo, na verdade, repousa nas representações do Outro que valorizam o *ingroup* (grupo de pertinência, também chamado endogrupo), em detrimento do *outgroup* (grupo do outro, também chamado exogrupo), amplificam as diferenças e desembocam em estereótipos suscetíveis de alimentar ou justificar atitudes discriminatórias. Os preconceitos podem preexistir a toda eventual experiência concreta partilhada com o Outro, a todo conhecimento vivido, e não se transcrevem necessariamente em atos. O que introduz duas questões principais.

A primeira é a da formação do preconceito, já que não se pode reduzi-lo à prática efetiva do Outro, e que é preciso de fato explicar suas fontes; a segunda é a da passagem ao ato, e, portanto, da continuidade do racismo entre essa forma elementar e outras, mais ativas.

As Fontes do Preconceito

O portador do preconceito não somente julga o Outro de maneira predeterminada, mas ainda quase não é afetado, ou não necessariamente, pelo que lhe traz a experiência vivida ou o encontro com ele; ademais, opõe uma singular resistência à crítica, por mais escorada que ela possa estar. Contrariamente a uma idéia ingênua, não basta, para fazê-lo recuar, explicar que o racismo repousa em pressupostos falsos e falaciosos para a ciência.

De onde provém o preconceito racial, como é fabricado? Uma primeira tradição de análise, fortemente influenciada pela psicanálise, propõe associar cultura e personalidade, reprodução do preconceito e formação da personalidade daquele que o carrega. Essa tradição foi inaugurada no final dos anos de 1930 nos Estados Unidos, na conclusão da obra de John Dollard, que se tornará um clássico, *Caste and Class in a Southern Town* (Casta e Classe em uma Cidade Sulina). Para Dollard, que procedeu a uma longa e exigente observação em uma cidade do sul, que ele batizou de "Southerntown" (Cidade Sulina), o preconceito dos brancos contra os negros se inscreve, é certo, em uma relação de dominação em que ele contribui para manter uma situação de casta e de inferiorização; mas as atitudes dos brancos lhe parecem em definitivo principalmente determinadas não pelo contato com os negros, mas pelo contato "com a atitude prevalente a seu respeito". O preconceito, a partir daí, procede da formação da personalidade do racista, das frustrações vividas durante a infância, das dificuldades da vida adulta, ele incorpora uma hostilidade que se transcreve em agressão. Mas essa hostilidade não consegue exprimir-se no interior do grupo dos brancos, ela se orienta para os negros, grupo detestado e sem defesa, ao qual é possível aplicar uma identificação uniforme – os brancos reconhecem sem esforço aqueles de quem é normal não gostar.

Essa concepção de preconceito se encontra igualmente, entre outros elementos, na obra fundamental e monumental já citada de Günnar Myrdal, *An American Dilemma: the negro problem and modern democracy*. O racismo, aqui, põe os americanos em face de um dilema que se move entre seu *credo* feito de valores altamente morais, associados à nação e à democracia, e a opressão dos negros, que repousa em sua falta de conhecimento, em sua ignorância. O negro, mostra Myrdal, é apresentado de maneira estereotipada, constantemente distorcida, sempre "no sentido de um rebaixamento"; o racismo antinegros é pejado de concepções e de representações que não se explicam nunca pelas particularidades de seus alvos.

Indo mais longe na idéia de uma dissociação entre a formação de preconceitos e a experiência vivida das *relações de raça*, numerosos trabalhos, a partir do estudo pioneiro de Theodor Adorno sobre a personalidade autoritária[6], esforçaram-se para demonstrar que o preconceito racista encontra sua fonte em uma personalidade que se forja externamente às situações em que ele se exprimirá em seguida. A investigação de Adorno baseia-se na hipótese segundo a qual as convicções de uma pessoa, em matéria política, social ou econômica, desenham um todo, um *pattern* (padrão), que exprime as tendências carregadas com o peso da personalidade dela. Esta se forma na família e na educação; o racismo, e mais precisamente o anti-semitismo, que é objeto de sua pesquisa, devem muito, nessa perspectiva, a um tipo de personalidade bem particular, autoritária, cujos traços distintivos Adorno e seus colaboradores mostram, ao mesmo tempo que explicam

---

6. T. Adorno et al., *The Authoritarian Personality*.

em que ela contribui para as condições favoráveis a condutas racistas, em que ela constitui uma predisposição. O preconceito, nessa perspectiva, é preparado por um modo de socialização; como salientou Gordon W. Allport[7], ele resiste por isso aos conhecimentos que o questionam e os fatos que o desmentem. É possível ir mais longe na idéia de uma ausência de laços entre a formação do preconceito racial e o conhecimento prático daqueles que ele visa com uma antropologia psicanalítica, explicando por exemplo que o medo e o ódio do Outro procedem do temor da morte, do retorno do que foi recalcado ou do trabalho do inconsciente: "Quando fugimos do estrangeiro ou o combatemos, lutamos contra nosso inconsciente", escreve Julia Kristeva[8].

Mas até onde pode nos levar a descontextualização do preconceito? A questão foi apresentada, desde os anos de 1930, por W. Lloyd Warner[9], que insistia na idéia de que o racismo é um valor da sociedade branca não mais irracional do que outras e que, portanto, encontra seu lugar em sua cultura. Ou mais ainda, nos anos de 1950, por Thomas Pettigrew, que mostra, por meio dos mesmos métodos de Adorno, que os preconceitos dos brancos não-judeus dos Estados Unidos, por exemplo, são muito próximos aos do norte e do sul do país no que concerne aos judeus, e muito diferentes no que concerne aos negros, o que significa, de fato, que eles variam também segundo o contexto.

A partir disso, não resta alternativa senão, como fez Gordon W. Allport, reconhecer a diversidade dos modos de abordagem do preconceito; certos autores insistem nas predisposições culturais do fenômeno, em termos de tipo ou de estrutura de personalidade, outros, ao contrário, sugerem um elo entre a dominação ou a estratificação social,

---

7. G. W. Allport, *The Nature of Prejudice*.
8. J. Kristeva, *Étrangers à nous-mêmes*, p. 283.
9. L. W. Warner, American Caste and Class, *American Journal of Sociology*, v. 42, p. 234-237.

de modo que a expressão de preconceitos leva, segundo eles, aos membros do grupo dominante elementos para fundar uma racionalização de sua dominação, e assegurar sua reprodução. Essa última idéia foi formulada de maneira original por um sociólogo holandês, Teun A. Van Dijk[10], para demonstrar como, nas interações mais comuns da vida cotidiana, os indivíduos do grupo dominante exibem estratégias de persuasão e de apresentação de si que recorrem ao preconceito racial para melhor estabelecer a comunicação com os membros de seu grupo e dar uma imagem positiva deles mesmos.

O Rumor de Orléans

Se for possível analisar o preconceito sem levar em conta o contexto social em que ele se exprime, pelo menos até um certo ponto, mas também encontrar aí uma racionalidade, ela igualmente limitada, que o inscreva nas relações de dominação, não será porque se trata de um fenômeno que traduz, ao mesmo tempo, sentido e perda de sentido? Um belo estudo de Edgard Morin[11] pode ilustrar esse reparo. Morin mostra que o rumor anti-semita que se propagou em Orléans em 1968, acusando os comerciantes judeus do centro da cidade de drogar seus jovens clientes para remetê-los em seguida às redes de prostituição, foi ao mesmo tempo absurdo e pejado de significações. Desprovido de fundamentos objetivos, traduz, para aqueles que o fazem circular, um vazio ou uma falta existencial que o rumor vem abolir e um medo da modernidade, tal como o expressaram maio de 1968 ou as mudanças culturais da época, da qual Orléans permaneceu relativamente afastada.

---

10. T. A. Van Dijk, *Communicating Racism;* e *Racism and the Press.*
11. E. Morin, *La rumeur d'Orléans.*

A Passagem ao Ato

O preconceito não se estende automaticamente à prática. O estudo clássico de Richard T. LaPiere[12] pode ilustrar essa observação. LaPiere, no decorrer de um périplo por numerosos estados da América do Norte em companhia de um casal chinês, deteve-se com eles em 184 restaurantes e 66 hotéis sem jamais experimentar recusa, com uma exceção talvez, porém ambígua. Depois ele endereçou por correio um questionário aos donos de restaurantes e hoteleiros pertinentes, interrogando-os, entre outras questões, sobre o acolhimento que estariam dispostos a reservar a eventuais clientes asiáticos. Noventa por cento das respostas indicava que, caso isso ocorresse, essas pessoas não serviriam a clientela.

Tal experiência, que outros estudos confirmaram amplamente, indica que não há aí nenhuma automaticidade entre os preconceitos, no caso antiasiáticos, e os atos, pois que, na prática, os clientes chineses foram bem acolhidos. Não quer dizer que, por isso, o preconceito não se exprima sob forma de discriminação nesse tipo de situação. Significa antes que a passagem do preconceito ao ato exige condições favoráveis, em particular, morais e políticas; se estas não forem preenchidas ou ele não opera, ou se efetua de maneira indireta, evitando, nota Allport em seu comentário ao estudo de LaPiere, as "situações cara a cara que provocaria um embaraço".

Mas adicionemos aqui duas observações que inspiram trabalhos americanos de psicologia social e política. A primeira é que às vezes é tentador imputar ao preconceito racista uma atitude, por exemplo, política, que repousa sobre outros fatores; assim, aqueles que, nos Estados Unidos, se opõem ao *busing* ou à *affirmative action*[13] podem fazê-lo não por racismo, mas porque esse tipo de política entra

---

12. R. T. LaPiere, Attitudes *versus* Actions, *Social Forces*, n. 13, p. 230-237.
13. Ver capítulo 7.

em conflito com valores individualistas aos quais eles estão profundamente apegados. A segunda observação remete à desqualificação moral que cerca, doravante, o racismo nas democracias e prolonga, com o risco de enfraquecê-la, a observação precedente: estando o preconceito racista proibido de expressão explícita, aqueles que o portam, sobretudo em setores educados da população, o camuflam às vezes com outros argumentos, por exemplo, dando primazia aos valores individualistas que acabam de ser lembrados.

A Segregação

O termo segregação é ambíguo, já que designa tanto um processo quanto seu resultado. Aplica-se, além disso, a diversas realidades: étnica, racial e principalmente social. A segregação racial é, pois, ao mesmo tempo um processo e seu resultado: mantém um grupo a distância, localizado em espaços próprios que lhe são reservados, enclaves, guetos, territórios de um tipo ou de outro. Essa separação geográfica completa-se ocasionalmente com medidas de circulação restritivas. Pode alcançar até a interdição de penetrar em certos espaços ou abandonar aqueles que lhes são reservados.

A segregação racial não se confunde necessariamente com a exploração ou a discriminação. Pode mesmo, por vezes, apresentar-se como seu contrário – "separados e iguais", reza uma fórmula racista utilizada principalmente pelos detentores do *apartheid* na África do Sul. Modalidade extrema e institucionalizada da segregação, o *apartheid* foi a política oficial da África do Sul a partir de 1948 e da vitória eleitoral (entre os brancos) do Partido Nacionalista Afrikaner. Essa política baseia-se na prática da segregação sistemática e encontra suas raízes nas relações coloniais entre senhores brancos e escravos negros no século XVII; depois, no desenvolvimento do nacionalismo dos Afrikaners (herdeiros dos colonos holandeses, mas também alemães e franceses) a partir de 1880. Consiste em combinar a segregação e a superexploração dos negros na economia. O termo *apartheid* foi lançado em 1944 e seu principal arquiteto foi Hendrik Verwoerd (1907-1966). Essa política foi abalada por diversas campanhas de boicote à África do Sul, realizadas no exterior pela pressão política internacional, e por uma ação local de resistência, que levou, por vezes, ao motim (em particular o de Soweto em 1976). Em 1990 o primeiro ministro F. W. De Klerk autorizou a libertação de Nelson Mandela, líder histórico do Congresso Nacional Africano, principal organização negra de oposição ao *apartheid*, abrindo o processo de abandono histórico dessa política, definitivamente liquidada em 1994.

A segregação pode ser direta e explicitamente racial; pode também decorrer mais de processos econômicos e sociais do que propriamente racistas que desemboquem em uma separação racial. Pode residir no fato de o grupo dominante não querer se misturar ao grupo que ele trata de maneira racista; pode também, ao contrário, residir no fato de esse último encontrar nos espaços comunitários recursos culturais, até mesmo econômicos, dos quais ele não dispõe em outras partes. É assim, em particular, que uma das obras mais clássicas, produzidas pela Escola de Chicago, *The Ghetto* (O Gueto), de Louis Wirth, pretende demonstrar que tanto o gueto medieval, antes de ser imposto aos judeus, quanto o moderno, da cidade de Chicago, correspondem para aqueles que nele habitam a algumas proteções e a um conjunto de recursos, e não apenas a um espaço de rejeição. Viver à parte, desse ponto de vista, é poder constituir uma comunidade viva com sua cultura, suas regras ou suas leis, sua economia, sua vida política própria, sem estar por isso encerrado em um universo inteiramente fechado.

A segregação urbana, sempre nessa perspectiva, é um benefício mais que um mal; permite aos indivíduos participarem da vida da cidade grande, sempre se beneficiando cada qual dos recursos de uma comunidade étnica inscrita em um território menor; ela produz de alguma forma peneiras, passagens obrigatórias, muito úteis, porém, para a modernidade; ela repousa, para utilizar um vocabulário anacrônico, pois que é datado dos anos de 1970 somente, sobre o multiculturalismo bem temperado. O racismo, aqui, pode eventualmente inscrever-se nas tensões interculturais, mas não é seguramente central nos mecanismos que fazem da cidade, como disse Robert Park, um "mosaico de pequenos mundos que se tocam sem se interpenetrar" e entre os quais os indivíduos podem circular facilmente.

Essa imagem um tanto idílica da etnicidade e da segregação urbana se desfaz, nos Estados Unidos, quando consideramos os negros, mesmo em uma grande metrópole como Chicago. Pois, contrariamente às outras minorias, para as quais a segregação étnica se enfraqueceu com o tempo, os negros, vindos desde o início do século XX em grande número dos estados agrícolas do sul para constituir um proletariado industrial no norte, permanecem encerrados em uma lógica de segregação racial. Essa diferença já é perceptível nos anos de 1950 e 1960. Acentua-se em seguida, a ponto de, nos anos de 1980 e 1990, apesar das lutas pelos direitos cívicos nos anos 60 e, depois, as políticas da *affirmative action* das quais alguns se beneficiaram, numerosos negros viverem em uma situação de grande pobreza, em guetos que perderam todos os atributos positivos do modelo desenvolvido meio século antes pela Escola de Chicago, privados do essencial de seus recursos culturais, econômicos ou políticos. Para eles, a peneira tornou-se nassa. A segregação, nesse caso, pode ser qualificada de total, na medida em que ela é ao mesmo tempo racial e social e em que o racismo combina-se com a exclusão social.

A segregação pode resultar do funcionamento do mercado, de lógicas institucionais ou políticas ou de sua combinação. O mercado pode fabricar a segregação racial sem que se exprimam explicitamente efeitos racistas, como vimos acima a propósito do racismo institucional[14]. Em matéria de moradia, por exemplo, o simples jogo das compras, das vendas e das locações individuais basta, assim como o comportamento de pais de alunos quando podem escolher a escola que seus filhos freqüentarão. Porém, para análise, inclusive na experiência americana, fica claro que, amiúde, por detrás do funcionamento aparentemente automático do mercado encontramos políticas (sociais, de moradia, de educação), de intervenções dos poderes públicos, que orientam mais ou menos fortemente esse funcionamento em um sentido que pode corresponder ao racismo ou, ao contrário, esforçar-se para se lhe opor. A segregação pode mesmo tornar-se diretamente um elemento de política racial, como foi, de forma tão espetacular, o caso na África do Sul.

A Discriminação

A segregação racial corresponde a uma lógica de diferenciação. A discriminação corresponde de preferência a uma lógica de hierarquização. Consiste, com efeito, sem excluir o grupo tratado de maneira racista, em acusar a raça para lhe dispensar um tratamento diferenciado. Essa distinção analítica não é sempre fácil de aplicar concretamente, pois que o racismo pode amalgamar essas duas formas elementares: separar os brancos dos negros nos transportes públicos, por exemplo, não é ao mesmo tempo discriminar e segregar?

Noção tão ambígua quanto a de segregação, uma vez que ela também designa ao mesmo tempo um processo e seu resultado, a discriminação racial é suscetível de exercer-se em todos os domínios da vida social, no acesso à educação, à saúde, ao emprego, à moradia, no interior da empresa e nos locais de trabalho, por vezes também nas associações, até mesmo nos sindicatos, no funcionamento

---

14. Ver p. 29-30.

da justiça, na polícia. Aparece também na maneira como os grupos vítimas do racismo são tratados nas mídias, na televisão, no cinema, na publicidade, quando são esquecidos, ignorados, tal como o "Homem Invisível" do belo livro de Ralph Ellison[15], apresentados sob uma luz particularmente negativa, ou, ao contrário, estetizados de uma maneira que acentua características físicas particulares.

A discriminação não é necessariamente um tratamento ilegal, passível de ser levada aos tribunais em uma democracia preocupada com direitos humanos. Assim, na França, o comportamento dos policiais e militares que interpelam os jovens "com cara", por exemplo, numa operação de combate ao terrorismo, explica-se pela maior probabilidade de que eles transportam um engenho explosivo, ação atribuída a esses jovens, de preferência às pessoas mais idosas e aparentemente "de cepa"; além disso, os policiais podem, nesse contexto, esperar que, mesmo se não houver bomba a descobrir, haverá sempre algumas gramas de haxixe ou a ausência de carta de permanência. A discriminação, aqui, está no fato de que são certas categorias de pessoas que são interpeladas, e não na própria interpelação, pelo menos se ela se efetua no respeito da lei.

Nas democracias em que o racismo é combatido, proibido por lei, a discriminação transita em formas mais ou menos veladas, a ponto de se poder, como vimos, forjar o conceito de racismo institucional para dar conta de certos mecanismos cegos, aparentemente sem atores. Suas expressões menos visíveis podem ser na realidade senão maciças, ao menos bastante salientes. Por essa razão, pede, para ser combatida, um voluntarismo político que passa por investigações e demonstrações, como aquelas que, no Reino Unido após os anos de 1970, consistem em examinar o comportamento dos empregados ou dos locadores quando respondem a um mesmo anúncio (de emprego ou de um alojamento), dos candidatos de perfil social similar,

---

15. R. Ellison, *Invisible Man*.

porém, uns ingleses "de cepa" e os outros de cor. Como notam os sociólogos John Wrench e John Solomos[16], diante da discriminação racial, o mais eficaz é combinar as medidas legislativas e uma pressão política, configurada por instituições públicas ou atores militantes que podem apoiar-se nesse tipo de investigação.

---

16. J. Solomos; L. Back, *Racism and Society*.

4. A VIOLÊNCIA RACISTA

O racismo é sempre uma violência, na medida em que constitui uma negação daquele que é sua vítima, uma alteração da humanidade da qual é portador. Essa violência é, sobretudo, simbólica quando toca a integridade moral da pessoa visada sem entravar diretamente sua participação na vida social, política ou econômica; quando está embutida no desprezo, do preconceito ou da simples expressão de ódio, sem conseqüência sobre sua integridade física; deixaremos aqui esse aspecto de lado, e nos interessaremos mais particularmente pela violência física, assassina, concentrando a análise em suas expressões mais truculentas, e não em suas expressões mais difusas, pequenas brutalidades, perseguição, ameaças, o que, evidentemente, não se trata de minimizá-las ou banalizá-las.

Não é sempre certo que uma violência qualificada de racista mereça efetivamente esse qualificativo. Não é porque a vítima de um assassinato é de tal ou tal grupo e, além

71

disso, vítima do racismo, que o crime em questão é necessariamente racista. Não é sempre o ódio racista, por exemplo, que mobiliza o pequeno comerciante que empunha uma arma em plena noite e abate um jovem proveniente da imigração que assalta sua loja. Mesmo que pareça estilhaçada a ponto de se apresentar como feita de atos individuais, eventualmente isolados, a violência racista depende da análise sociológica e política, uma vez que ela se exprime não no vazio social, político ou institucional, mas em um contexto que a torna possível, até mesmo, aos olhos de seu protagonista, legítima. Assim, não é indiferente que em algumas semanas do verão de 1983, em Argenteuil, La Courneuve, Tourcoing, Nancy, Aulnay, Saint-Denis (por duas vezes), jovens, na época qualificados de "Beurs"*, tenham sido mortos ou feridos a bala: cada bala era o feito de um atirador isolado, mas a série indica bem que se tratava de uma espécie de epidemia não redutível à simples soma de atos individuais.

De forma mais ampla, a violência racista se manifesta, ou não se manifesta, mediante condições gerais, favoráveis ou desfavoráveis, que não funcionam necessariamente da mesma maneira para outras formas elementares de racismo, por exemplo, preconceitos, discriminação. Pode ser combatida e reprimida de forma bem mais severa do que o racismo institucional, insidioso, mas amiúde tolerado pelos poderes públicos no mercado do trabalho ou no da habitação. É sobretudo fortemente condicionada pelo estado do sistema político. É, portanto, também, e antes de tudo, função do Estado, detentor, segundo a célebre fórmula de Max Weber, de seu monopólio legítimo. O Estado se encontra a esse título necessariamente envolvido quando surge a violência, ele é responsável pelas respostas que proporciona, por sua extensão ou por sua regressão.

---

*. Jovens de origem magrebina nascidos na França. (N. da T.)

Violência Racista e Política

Rob Witte, em seu estudo sobre a violência racista e o Estado[1], propõe distinguir quatro fases da violência racista conforme ela constitua um problema individual, um problema social, um problema inscrito nos debates políticos ou um problema dependente de uma ação vigorosa do Estado. Seu raciocínio se aplica às democracias e não considera a passagem ao que seria uma quinta fase, em que o Estado mesmo colocaria em ação uma política da raça.

Nós nos apoiaremos, de nossa parte, em uma distinção, ao mesmo tempo mais elementar e robusta, e que considera o nível em que surge a violência racista. Pode, com efeito, ser infrapolítica, quer dizer, provir de atores definidos em termos sociais, econômicos e culturais, porém fora do espaço político, não organizada politicamente, e mais vagamente manipulada ou mobilizada por grupos políticos. Pode, ao contrário, ser política, empregada, preparada, organizada ou orquestrada por atores políticos ou, em todo caso, destinada explicitamente a exercer um impacto sobre a cena pública ou uma influência sobre a vida política da sociedade em estudo.

Ao instalar claramente a reflexão sobre a violência racista no quadro do sistema político e do Estado ou em referência a ele, nós o convertemos num fenômeno que deve ser analisado prioritariamente nessa escala (o que não significa que ela não deva ser também enfrentada em nível local).

A Violência Infrapolítica

No primeiro caso, a extensão e a gravidade da violência dependem da atitude e da capacidade de ação dos poderes públicos, mas também de uma eventual legitimidade que traz a livre difusão de doutrinas racistas ou a existência de partidos políticos que exibam mais ou menos explicita-

---

1. Rob Witte, *Racist Violence and the State*.

mente uma ideologia racista. A relação que é possível traçar entre o Front National, na França, e a violência racista infrapolítica é difícil de se estabelecer. Esse partido, que desenvolve idéias racistas, está engajado em uma estratégia política de legitimidade que implica respeitabilidade e o proíbe de afiançar violências exercidas em seu nome. Mas acontece que seus militantes não se controlam, como se pôde ver no assassinato em Marselha de um jovem camaronês morto pelos coladores de cartazes do Front National em 1994, ou que suas manifestações atraiam atores dispostos a recorrer a mais extrema violência, como no 1º de maio de 1995, em Paris, quando *skinheads* vindos de Reims para participar de um desfile desse partido causaram o afogamento de um homem de origem magrebina com o qual cruzaram, no percurso, à margem do Sena. Ademais, o simples fato de desenvolver publicamente idéias racistas pode ser considerado um ato que investe de legitimidade os atores procedentes do mesmo ódio racista e exteriores, portanto, ao Front National: se for possível exprimir na televisão idéias claramente anti-semitas, por que seria ilegítimo passar ao ato, em conformidade com essas idéias?

Infrapolítica, a violência racista é indissociável de tensões sociais e culturais e pode ser, senão causada, pelo menos exacerbada por forças políticas ou militares que a deixam operar. Na Rússia czarista, os *pogroms* (ataques violentos visando as comunidades judaicas), no final do século XIX e no começo do século XX, foram em geral formados por populachos mais ou menos encorajados ou liberados pelo poder. Essa violência, para retomar uma distinção clássica das ciências sociais, é mais comumente expressiva do que instrumental, pelo menos à primeira vista, procedendo de acessos, explosões imprevisíveis, iniciativas de pequenos grupos espontâneos, muito mais do que instalados e organizados no tempo; ela é mais "quente" do que "fria".

A Violência Política

A violência racista, quando é política, é mais diretamente controlada e comandada por objetivos, por uma estratégia, por cálculos próprios às forças que a estruturam e a orientam, ideológica e praticamente. Em período de ascenso de tais forças, estas não têm necessariamente interesse naquilo que se manifesta em violência espontânea ou expressiva, que elas controlam mal, ou que pode colocar em causa uma estratégia mais ou menos legalista de tomada de poder. A partir daí, o projeto político canaliza o ódio, proíbe toda violência descontrolada até a fase seguinte, que pode ser, ou da tomada do poder, ou, ao contrário, a do declínio.

No primeiro caso, a violência, como a experiência do nazismo mostrou, pode ser mais do que fria e organizada: burocratizada, ao menos parcialmente. No segundo, um surto de violência pode ser a conseqüência do fracasso político, do esgotamento de seu projeto, a marca de uma radicalização de atores decepcionados, que passam à ação direta por falta de perspectiva política operante; esse tipo de cenário poderia ser observado em certos países europeus na hipótese em que, após uma fase de forte ascenso da extrema direita, assistir-se-ia aí a uma inversão nítida de tendência: a ausência ou o enfraquecimento de uma perspectiva política pode sempre encorajar certos atores, órfãos de uma organização capaz de delinear um futuro, a atos tanto mais radicalizados quanto mais brutal é a queda. Quer se trate da França com o Front National, do Flandres com o Vlaams Blok, da RFA com os Republikaners, nada permite excluir, com efeito, que um declínio dessas forças políticas seja saldado por violências descontroladas.

Essas observações sugerem que a progressão do racismo, inclusive em suas expressões violentas, não é necessariamente um processo linear. Pode, em particular, implicar períodos em que a violência regride em suas formas espontâneas; a seguir se manifesta, mudando de estatuto e mesmo de sentido; tornando-se política depois de ter sido social; fria e instrumental após ter sido quente e expressiva, com risco a tornar-se, em um terceiro estágio, ilimitada e de novo descontrolada. A violência anti-semita na Alemanha nazista pôde assim ser um momento "quente" e de preferência aberto à expressividade popular, até a virada constituída pela Noite de Cristal (novembro de 1938): a partir desse episódio, o regime orientou-se para medidas muito mais controladas e manteve a população alemã afastada da prática "fria" e organizada da destruição dos judeus.

A fronteira da violência racista entre os níveis políticos e infrapolíticos não é sempre muito fácil de estabelecer. Existe comumente uma zona de incerteza que leva em conta, por exemplo, que o papel dos atores ou das instituições propriamente políticas não está claramente estabelecido na prática da violência, que ele é ambíguo ou muito limitado. Quando o exército e o governo czaristas lançam chamados para a organização de *pogroms* e, em certos casos, contribuem para organizá-los, estamos manifestamente na zona intermediária em que o "quente" e o "frio" se encontram, em que a violência anti-semita é popular e ao mesmo tempo estruturada politicamente, o que a torna menos espontânea do que se poderia crer.

As Fontes Sociais da Violência Racista

As fontes principais da violência racista, eventualmente combinadas, procedem de dois registros principais. O primeiro pode ser qualificado de social. Requer que se relacione os episódios de violência racista com o funcionamento da sociedade considerada, com o esforço de certos grupos ou, então, para manter ou fundamentar uma posição dominante ou, ainda, para evitar ou bloquear a queda, a pauperização ou a exclusão social. O que, em uma perspectiva que remete às proposições do capítulo 2, leva a distinguir, no centro desse primeiro registro, quatro subconjuntos senão de condutas, ao menos de significações de condutas cujas formas elas mesmas podem muito bem ser próximas ou similares.

De um lado, a violência pode funcionar de maneira relativamente instrumental, para manter uma ordem social que implica uma dominação vivida em termos raciais. A violência aqui não visa destruir ou excluir inteiramente o grupo que ela afeta, pretende inferiorizá-lo. Acompanha o desenvolvimento econômico, a modernização, a expansão, o que foi uma característica importante do *apartheid* na África do Sul, por exemplo; em todo caso, ela não é o fruto da crise econômica, do desemprego ou da pobreza daqueles que a colocam em ação. Está associada a um racismo não-igualitário de inferiorização, servindo para relembrar o grupo-vítima de que existe uma ordem, ao menos social e racial, que não deve ser transgredida; pode, no limite, contribuir para criar um clima de terror, facilitando a superexploração das vítimas. É, nessa perspectiva, mais fria e calculada do que espontânea e expressiva.

A violência racista, por outro lado, pode corresponder, de forma muito diversa, a uma situação de crise ou de dificuldades econômicas, nas quais um grupo despojado, em queda, ou em posição social de inferiorização, volta-se contra um outro para excluí-lo de um mercado de trabalho, que se encolhe, para manter seu próprio emprego ou suas condições de existência e criar, pela raça, uma diferença social que ameaça ser abolida. Combina-se facilmente com uma lógica de bode expiatório, que imputa ao grupo tratado de maneira racista a causa da infelicidade do grupo racista, com o risco de funcionar à maneira da profecia autocriadora, classicamente descrita por Robert Merton[2] a propósito, em especial, do sindicalismo americano: os operários brancos, até a época do New Deal, excluem comumente os trabalhadores negros de seus sindicatos e se

---

2. R. Merton, *Éléments de théorie et de méthode sociologique*.

esforçam para expulsá-los do emprego, afirmando que são furadores de greve; em assim agindo, eles os constituem efetivamente como tais.

A violência social, nesse caso, é a de "pobres brancos", quer se trate daqueles que, nos estados do sul dos Estados Unidos no fim do século xix, são particularmente vulneráveis às variações do preço do algodão, quer daqueles que, nas grandes metrópoles americanas do início do século xx, vêem com temor um proletariado negro concorrer com eles no mercado de trabalho industrial. É relativamente instrumental quando está diretamente associada às dificuldades econômicas conjunturais e, no conjunto, mais expressiva quando assume o aspecto de arruaças ou de condutas urbanas pouco organizadas. Pode muito bem estar associada ao seu caráter instrumental e expressivo em uma mesma experiência. Nos Estados Unidos, como na Inglaterra ou até na França, insiste-se, por vezes abusivamente, no caráter étnico ou racial das explosões contemporâneas de motins, como o de Los Angeles em maio de 1992, ou o de Brixton em 1981. Não é preciso por isso esquecer que, até num passado ainda recente, as grandes arruaças urbanas nos Estados Unidos, depois daquela de Chicago em 1919, ou do East Saint-Louis em 1917, foram ato de brancos, mesmo que, por uma violência conduzindo à violência, negros tenham participado no desencadeamento das pilhagens e dos gestos assassinos.

Enfim, a violência racista, em suas fontes mais diretamente sociais, pode remeter não mais a relações sociais de dominação e de exploração ou a uma lógica de queda social, mas a situações de ausência de relações sociais e, portanto, de exclusão. Dois aspectos pelo menos devem aqui ser distinguidos.

No primeiro, a violência provém de membros do grupo racista que se encontram do lado ruim da sociedade, rejeitados junto com outros excluídos que pertencem a grupos racizados. Procede de um sentimento muito vivo de injustiça, depende da exasperação, até mesmo da raiva daqueles que se sentem excluídos da vida moderna, ao passo que antes dela participavam muito mais ou melhor. No segundo caso, a violência, ao contrário, procede de grupos sociais que se situam do lado bom da sociedade, beneficiam-se de um emprego, de recursos econômicos, habitam em bairros ou arrabaldes agradáveis e pretendem manter uma distância social e racial que é a da segregação. A violência aqui é mais fria, mais "polida", mais instrumental, no limite, mais bem organizada que no caso precedente. Acrescentemos que a partir do momento em que a violência racista está ligada à exclusão e à segregação mais do que à discriminação e à inferiorização, o racismo que ela formata é muito mais diferencialista do que desigualitário. Visa na verdade não tanto inferiorizar o Outro, o que não tem sentido pois se trata de o manter no interior de certos relacionamentos sociais, porém mantê-lo à distância, ou rejeitá-lo, até mesmo destruí-lo.

É possível, por conseguinte, propor uma tipologia elementar cruzando as principais significações sociais da violência racista com suas modalidades de expressão:

RACISMO / VIOLÊNCIA	Desigualitário	Diferencialista
Instrumental, relativamente controlado e organizado	Dominação	Segregação
Expressiva, relativamente espontânea	Queda, pauperização	Exclusão

Essa tipologia é mais analítica do que empírica, na medida em que, concretamente, a violência racista é com freqüência uma combinação de dois ou vários dos quatro tipos que acabam de ser descritos e integra também significações culturais (que serão abordadas mais adiante) e não apenas sociais. Ademais, uma mesma experiência histórica pode muito bem experimentar uma evolução ou uma dinâmica que modificam sensivelmente o seu sentido. Mas essa tipologia nos ajuda desde já a introduzir um princípio de diferenciação e a não reduzir a violência racista, em suas exclusivas fontes sociais, em representações muito grosseiras.

Assim, é pertinente distinguir nos Estados Unidos, no começo do século xx, dois tipos de motins raciais: de um lado, segundo a terminologia de Allen D. Grimshaw[3], as arruaças (*northern style*) de estilo nortista correspondem, por exemplo, a de Chicago em 1919, a um aumento dos negros nas metrópoles industriais do norte, na concorrência ao mercado de trabalho e nas inquietudes e tensões que elas suscitam nos brancos; por outro lado, a violência (*southern style*) de estilo sulista pretende antes de tudo aterrorizar os negros chamando-os à ordem social tradicional. O linchamento de negros, nos estados do sul, não se dá do mesmo modo, caso se trate de uma conduta popular, animada por "pobres brancos", que é desordenada, antes feroz e imprecisa na escolha de suas vítimas, ou quando se trata de um linchamento, organizado por cidadãos de vida material tranqüila e influente para punir um "culpado" – em geral, um negro acusado de violar uma mulher branca.

Enfim, uma tipologia como a esboçada aqui pode proporcionar um esclarecimento histórico, na medida em que a tendência dominante de numerosas sociedades ocidentais é o desenvolvimento dos fenômenos de exclusão, de dualidade social e de segregação, social e racial, com base no declínio dos relacionamentos sociais nascidos da indústria e do enfraquecimento correlativo do racismo desigualitário ou de inferiorização.

As Fontes Identitárias da Violência Racista

A violência racista pode também se constituir a partir de significações para a dominante cultural, seja de modo defensivo, seja de maneira ofensiva. Se defensivas, exprime

3. A. D. Grimshaw(ed.), *Racial Violence in the United States.*

uma reação a um sentimento de ameaça que pesa sobre a identidade coletiva, seja esta definida em termos de nação, de religião ou de comunidade. Se ofensivas ou contra-ofensivas, afirma, reduzindo a violência à idéia de uma natureza, uma consciência identitária que acompanha ou carrega um processo de expansão, como foi o caso em diversas expressões do racismo colonial.

O apelo a uma identidade nacional, religiosa, étnica ou outra não é em si mesmo necessariamente racista, nem violenta em suas transcrições concretas. Quando se torna violenta, apresenta a característica de ser, sobretudo, diferencialista e de poder levar a uma violência ilimitada. O diferencialismo se deve ao fato de que o racismo, aqui, vem prolongar ou exprimir uma especificidade vivida de maneira mais ou menos biológica como a marca de uma diferença irredutível; traduz necessariamente a convicção de que, do ponto de vista do grupo racista, há com o grupo racizado não uma relação, uma ligação possíveis, porém a necessidade de uma distância, de uma disjunção. Mais além de todo projeto sincrético, a lógica identitária de promoção ou de defesa de uma cultura mais ou menos naturalizada desenvolve a obsessão da mestiçagem e promove o apelo à pureza e à homogeneidade do grupo. Para progredir, estender-se ou, ao contrário, evitar se dissolver ou se reduzir, a nação, a comunidade religiosa ou étnica pode recorrer defensivamente a uma violência que esmaga ou nega tudo aquilo que resiste à identidade dominante ou ameaça a identidade. A violência, nesse caso, pode proceder da fantasia e não da realidade da resistência ou da ameaça, atribuída a grupos que se convertem em bode expiatório; uma das características do anti-semitismo nazista é que se lançou contra judeus que, na Alemanha, mais que em outras sociedades ocidentais, estavam muito assimilados.

E se as fontes identitárias podem impelir a violência racista para além de todo limite, é porque ela se instaura, precisamente, na ausência de toda relação social. O Outro não tem lugar em uma pura lógica do racismo diferencialista, não se trata de o inferiorizar, de o dominar, de o explorar, mas no mínimo de mantê-lo à parte e, depois, de expulsá-lo ou de destruí-lo, de encerrá-lo ou de aniquilá-lo. Não se dá o mesmo quando se trata de fontes sociais; a violência racista, nesse caso, não pode ir muito longe, pois, se destruir o grupo inferiorizado, ela destrói, ao mesmo tempo, a possibilidade de o explorar. Foi isso que o governo argelino soube informar no momento em que, em 1973, uma onda de violência assassina atingiu, na França, os trabalhadores imigrantes vindos da Argélia (onze deles, ligados a Amicale des Algériens, na Europa, foram mortos entre 29 de agosto e 19 de setembro): nós impediremos que essa mão-de-obra emigre para levar aos industriais franceses a força de trabalho que necessitam se o governo francês não tomar as medidas de proteção que se impõem, disseram, em suma, na ocasião, as autoridades argelinas[4].

Como a definição da ameaça ou do obstáculo a destruir, nos casos extremos do racismo diferencialista, depende em boa parte da fantasia, o caráter ilimitado de sua violência revela-se também na procura sem fronteiras de tudo o que pode permitir saciar a sede inextinguível da homogeneidade e da pureza: na Alemanha nazista, os judeus constituíam um alvo que não era único. A raça ariana deve ser totalmente depurada e cumpre, portanto, também destruir os ciganos, evitar a reprodução da deficiência esterilizando os deficientes, erradicar a homossexualidade voltando-se contra os homossexuais.

O esquema da página 50 pode ajudar a distinguir pelo menos dois aspectos elementares do racismo identitário nas suas expressões violentas. O primeiro corresponde à resistência de uma identidade cultural que se sente ameaçada pela modernidade ou que não consegue ter acesso a ela, ou nela se manter, e apega-se violentamente a um grupo que a encarna no que ela tem de mais negativo e que é percebido como corruptor das tradições religiosas

---

4. P. Weil, *La France et ses étrangers*, p. 77-79.

ou nacionais; os *pogroms* na Rússia czarista, mas também os da Polônia, inclusive os que aconteceram depois da Segunda Guerra Mundial (o *pogrom* de Kielce, em julho de 1946, fez 42 mortos) devem muito a um ódio que converteu os judeus no signo de uma alteridade associada a imagens de cosmopolitismo, de domínio do dinheiro ou de influência política. O segundo aspecto corresponde às situações interculturais nas quais o conflito, não tratado democraticamente ou pelo menos politicamente, tornam-se tensões, choques, guerra e violências e pode desembocar na "depuração étnica".

A Totalização pela Violência

É preciso, pois, distinguir os diversos significados da violência racista em suas fontes sociais de um lado, e identitárias de outro. Mas cumpre também indicar nitidamente que, na prática, a violência funde muitas vezes significações heterogêneas, até mesmo contraditórias. E que pode ser dotada de uma dinâmica própria, na qual desloca equilíbrios e pesa sobre os elementos de sentido que ela veicula, a ponto de os transformar, por vezes, de forma considerável.

Em certos casos, a passagem de um ator à violência pode dar ocasião a ele, pelo menos momentaneamente, para abandonar o racismo que ele veiculava anteriormente. Assim quando, como vimos, a idéia de uma nação basca, tal como se afirmara no fim do século XIX com Sabino Arana, comportou por muito tempo uma certa carga de racismo, a passagem para a luta armada, operada pelo ETA a partir dos anos de 1950, se realizou em um contexto de mutação do nacionalismo basco incluíndo o abandono explícito de todo racismo. Em outros casos, ao contrário, o racismo aparece no decorrer de um processo de violência e de radicalização dos atores; desse modo, os mais terroristas dos grupos a se apresentar como defensores da causa palestina, nos anos de 1970 e 1980, brandiam um anti-sionismo que derivava para um anti-semitismo por vezes desenfreado. Da mesma forma, o terrorismo de extrema esquerda na Alemanha, nascido no final dos anos de 1960, em parte pelo menos, de uma crítica da geração anterior, nazista ou silenciosa em face do nazismo, pôde desembocar, por exemplo, com as células revolucionárias, em um anti-semitismo descomedido.

Em certas circunstâncias, o racismo e a violência se conjugam para exigir e produzir ainda mais racismo e ainda mais violência. Esse fenômeno aparece em especial numa sociedade que se compõe de grupos definidos etnicamente ou como comunidades religiosas, sem que o Estado ou o sistema político possa continuar a gerir esse pluriculturalismo. Uma espiral pode então se desdobrar, na qual as atrocidades da guerra e dos massacres podem culminar em genocídio e em crime contra a humanidade – pensa-se aqui também na desestruturação do Líbano a partir de meados dos anos de 1970, e naquela da ex-Iugoslávia após a morte de Tito (1980), ou ainda, nos anos de 1990, nos dramas da África dos Grandes Lagos.

CONCLUSÃO DA PRIMEIRA PARTE:
QUATRO NÍVEIS

As análises precedentes podem ser integradas em um raciocínio mais geral que repousa numa distinção entre quatro níveis politicamente diferentes.

O primeiro nível é o do *infra-racismo*. O racismo é nesse caso fraco, suas diversas expressões não têm unidade aparente. Os preconceitos, os rumores, não têm alcance prático, a violência é difusa, muito localizada, e o racismo que ela apresenta não é fácil de estabelecer. Se existem lugares em que circulam proposições doutrinárias, uma literatura racista, eles são marginais, desconhecidos do grande público, afora alguns círculos de iniciados. A discriminação é contida ou limitada, os processos de segregação raramente engrenados. E, sobretudo, a relação das diversas formas elementares do racismo não é efetuada; não é possível, por exemplo, estabelecer um vínculo sólido entre os discursos político-ideológicos racistas quase confidenciais, os atos de violência racial que surgem em contextos de forte tensão social ou intercultural e uma discriminação a relegar certos grupos racizados a empregos subalternos e penosos.

O segundo nível é o do *racismo declarado*. O fenômeno aqui já é nitidamente melhor constituído, bem mais tangível e afirmado. As sondagens testemunham a vivacidade das opiniões e preconceitos racistas, as ideologias e as doutrinas circulam mais, além dos círculos de iniciados e dos grupelhos de extrema direita. Os atos de violência podem ser mais freqüentes, mais mortíferos, levados a cabo por grupos ativos, do tipo, por exemplo, dos *skinheads*, surgidos na Inglaterra do final dos anos de 1960, e caracterizados por sua violência de rua, sua aparência (crânio raspado, tatuagens, vestimenta), seu tribalismo, sua ideologia de extrema direita e seu racismo desenfreado. A discriminação e a segregação são realidades facilmente perceptíveis, visíveis no espaço urbano, atestadas por inúmeras testemunhas, eventualmente sublinhadas pelas pesquisas sociológicas ou por investigações jornalísticas – tal como a de Günter Wallraff se fazendo passar por um turco, na Alemanha, e resultando na obra *Tête de Turc* (Cabeça de Turco), que teve um impacto considerável. O racismo, nesse caso, já não é mais um fenômeno marginal ou secundário, sua realidade é considerável, porém suas diversas expressões são ainda desarticuladas, sem unidade visível, a comunicação entre essas formas elementares não é estabelecida, ele ainda não está inscrito no campo político.

O terceiro nível é o do *racismo institucionalizado e/ou político*. Por um lado, o fenômeno penetra na vida das instituições, que contribuem mais ou menos ativamente para a discriminação e para a segregação, explicitamente, ou, implicitamente, sob formas veladas, alimentando o que é por vezes denominado de um racismo institucional. Por outro lado, ele se torna um elemento de debates políticos, levado a cabo por um ou diversos partidos que capitalizam os efeitos, os orientam e contribuem para os exacerbar, inscrevendo-o no âmago de seus projetos e de suas proposições. As idéias racistas não são mais, então, próprias de movimentos ou de grupos marginais ou suficientemente radicalizadas para pôr em risco de maneira permanente a marginalização, elas impregnam a vida política, obrigam os atores políticos que as rejeitam a discuti-las ativamente, elas exercem uma influência sobre as categorias gerais do debate político.

Um quarto nível, enfim, é o do *racismo total*, que penetra em toda a sociedade e, sobretudo, ingressa no topo do Estado. Este se organiza então em conformidade com uma doutrina racista, põe em ação programas que nela se inspiram, mobiliza eventualmente as forças vivas do país em proveito de suas orientações. No limite, toda a vida coletiva passa a lhe ser subordinada: o desenvolvimento econômico, a diplomacia, as políticas científicas, a educação etc. O racismo total se instala excepcionalmente, ao menos na escala de um país inteiro e de seu Estado, como nas experiências nazistas ou do *apartheid* sul-africano. Mas variantes do fenômeno se encontram freqüentemente, em escala reduzida, nos movimentos sectários e terroristas, cuja ideologia e cujo modo de funcionamento correspondem bastante a seu conceito.

A distinção que acaba de ser proposta pode ser simplificada e reduzida ao essencial, traçando-se uma linha de demarcação entre o racismo declarado e o racismo político e institucional. Aquém dessa linha, política, o fenômeno não poderá encontrar uma forte coerência ou uma grande unidade; é quando ela é franqueada que suas formas elementares e seus diversos significados podem ser unificados em uma prática relativamente integrada.

A passagem ao nível político e institucional é tão decisiva, que traz ao fenômeno sua integração. Abre-lhe também perspectivas renovadas de mobilização. Legitima as condutas que a reivindicam, aporta-lhe recursos que são os dos partidos políticos instalados, ou das instituições, suscita vocações novas na vida intelectual. Essa passagem é mais do que uma simples mudança de escala, constitui um salto e inaugura ou renova, quando é plenamente efetuada, ou um processo de estruturação racial da vida coletiva, como foi o caso na África do Sul com o *apartheid*, ou um processo de diferenciação destrutiva das minorias, como foi o caso do nazismo. É por isso que as democracias devem ficar particularmente vigilantes em face das evoluções do racismo quando elas traduzem um começo de instalação institucional e política.

II. A ATUALIDADE DO RACISMO

INTRODUÇÃO

Qual é o peso do racismo nas sociedades contemporâneas? Em certos casos, o fenômeno parece secundário, até menor ou mesmo inexistente, no limite, mais imaginário do que real. Em outros, ao contrário, é a tal ponto onipresente na vida social e política, que é preciso considerá-lo um elemento central e estrutural.

É verdade que nem sempre é fácil levar tudo em conta e apreciar, nem com tanto excesso nem com tanta moderação, a importância do racismo em tal ou tal sociedade em um dado momento de sua existência histórica. A idéia corrente em numerosos países da Europa em especial, segundo a qual o racismo estaria atualmente em expansão, não é fácil de provar. A capacidade de mobilização dos grupos, vítimas do racismo, é com efeito extremamente variável: os mais ativos tendem a contribuir para a imagem de uma forte realidade do fenômeno quando ele os afeta, enquanto os mais desarmados, sem condições de penetrar no espaço público e nas mídias, não contribuirão em nada, por si mesmos, para dar uma imagem informada e demonstrativa do ódio ou dos preconceitos dos quais são vítimas. Desse ponto de vista, a experiência dos judeus da França é particularmente significativa. Essa população experimentou uma formidável mutação desde os anos de 1960, pois tornou-se muito ativa e visível no espaço público, seja por suas tomadas de posição com respeito ao Estado de Israel, seja por suas expressões religiosas ou comunitárias. Evocou a escalada do anti-semitismo e pudemos vê-la mobilizar-se por essa razão, abertamente, na rua, sobretudo em Paris, por ocasião do atentado contra a sinagoga da rua Copernic em 1980. Mas, ao contrário do que a princípio pensaram e afirmaram com ênfase, para os judeus da França, na sua esmagadora maioria, esse atentado não foi o produto da extrema direita anti-semita francesa, porém do terrorismo internacional e, por conseguinte, não permitiu confirmar-se a tese de um ascenso do anti-semitismo.

Os instrumentos que dispomos para apreciar a importância do racismo em certo país em dado momento, e sua evolução no tempo, pedem por uma viva crítica. Por exemplo, será que as sondagens de opinião em que as pessoas interrogadas se dizem mais racistas do que no passado informam-nos sobre a escalada do racismo, ou sobre a maior ou menor facilidade que têm essas mesmas pessoas para exprimi-lo? Dizem-nos elas que as pessoas são mais racistas hoje do que ontem, ou que hesitam menos do que ontem em expor seus preconceitos? Ou mais, o fato de as estatísticas fazerem aparecer um crescimento dos atos de violência racista testemunha uma expansão dessas violências ou um fenômeno totalmente diferente e, talvez mesmo, inverso? (a saber, a vontade deliberada dos poderes públicos, da polícia ou das vítimas de tornar visível e público aquilo de que se falava menos antes, porque era visto como condutas banais e toleráveis, porque o poder não exercia nenhuma pressão contra esses atos, porque a polícia não era jamais encorajada a registrá-los ou porque as vítimas tinham medo de se identificar?)

Os números não nos informam necessária ou diretamente da realidade dos fenômenos aos quais, supõem-se, eles dão conta. Por isso, convém ser prudente também em matéria de comparação internacional. Não é porque no Reino Unido os dados calculados sobre a violência racista nos anos de 1980 e 1990 são bem mais impressionantes do que na França, que apresentam na realidade uma massa mais convincente; esses dados nos esclarecem também sobre a vontade política de lutar contra o racismo, o que passa em primeiro lugar por instruções de coleta e de registro mais ou menos sistemáticos das informações. Assim, na França, em 1993, houve duas condenações por discriminação racial na hora da contratação, enquanto no Reino Unido, no ano seguinte, essa prática suscitou 2.324 processos perante os tribunais. Tais números não indicam por certo que há menos discriminação no emprego na França: eles sugerem – sem demonstrá-lo no entanto – que esse país está menos preocupado em combater diretamente o fenômeno; indicam sobretudo que a cultura jurídica varia consideravelmente de um país a outro. No Reino Unido, as especificidades lingüísticas ou religiosas das minorias estão inscritas nas instituições, e o dispositivo legal contra o racismo é considerável, principalmente no caso de discriminação no emprego, na educação ou na habitação. Na França, as noções de minoria étnica ou de comunidade não são legitimadas e o direito está menos capacitado a combater as discriminações que acabamos de evocar.

Mesmo se existissem instrumentos de medida que deixassem cada vez menos lugar a dúvidas e a incertezas, a questão da estimativa das variações na intensidade do racismo não seria nem por isso regulamentada, por uma razão que nos remete mais diretamente às análises dos capítulos precedentes. O racismo, na verdade, reveste diversas formas elementares – preconceito, segregação, discriminação[1] ou violência[2]. Ora, a evolução dessas formas, para uma mesma experiência nacional, pode muito bem se efetuar sem grande coerência aparente. Cada uma tem sua temporalidade, suas determinações, e elas podem servir-se de direções diametralmente opostas. Como falar de escalada do racismo, por exemplo, ou de regressão, se os preconceitos, medidos por meio de sondagens de opinião, parecem reforçar-se enquanto as estatísticas da violência racista estão, no mesmo período, em nítida diminuição?

As mudanças que afetam cada um dos elementos componentes do racismo no seio de uma dada sociedade não são necessariamente convergentes e não há, tampouco, progressão inelutável, na qual, a partir das formas mais ligeiras do fenômeno, veríamos apresentar-se progressivamente a barca do racismo, com a retirada dos preconceitos seguidos, mais e mais, da discriminação, da segregação e das violências, por sua vez, mais conseqüentes e mortíferas.

---

1. Ver capítulo 3.
2. Ver capítulo 4.

5. A PRODUÇÃO CONTEMPORÂNEA DO RACISMO NAS SOCIEDADES EUROPÉIAS

Com a percepção de seu horrível rastro ao findar a Segunda Guerra Mundial, não deveriam as conseqüências extremas do racismo, no próprio coração da Europa, no seio das sociedades mais avançadas, condená-lo a um desaparecimento mais ou menos rápido? Alguns anos mais tarde essa esperança não deveria encontrar conforto diante do fato de que o tempo dos impérios e dos regimes coloniais parecia, também, em vias de ser extinto?

Na verdade, foi preciso constatar antes um retorno do racismo, revelado por várias iniciativas importantes da ONU e, em particular, pela adoção, em 1965, de uma convenção concebida para instrumento de luta contra o ódio religioso e racista. Em um primeiro tempo, o racismo que continuava a manifestar-se parecia simplesmente perpetuar, reproduzir ou prolongar o do passado, de antes da guerra e do colonialismo, inclusive na Europa ocidental a cujo respeito serão empreendidas, no essencial, as análises subseqüentes. O racismo tornou-se, simplesmente, uma realidade mais aguda, paralelamente a um desenvolvimento, de uns trinta anos, de forte crescimento nos países industrializados, para o qual a imigração (na Europa) ou os descendentes dos escravos (do outro lado do Atlântico) contribuía com uma mão-de-obra convocada amiúde para os seus fins.

Na Europa, os imigrantes assim atraídos para a indústria, mas também para os serviços urbanos mais penosos (coleta do lixo domiciliar, por exemplo), provinham das antigas colônias britânicas, francesas ou belgas, da Turquia, mas não menos de outros países da Europa, Itália, Espanha, Portugal, Iugoslávia. Quanto à França, os dirigentes econômicos da época recorreram igualmente à migração interna de franceses das províncias, que então se tornaram muitas vezes vítimas de atitudes aparentadas ao racismo. Do mesmo modo, na Itália, os meridionais migrados para trabalhar nas fábricas do norte do país eram qualificados de *terroni* (campônios) e tratados de maneira depreciativa.

O racismo, nesse caso, acompanhava no essencial a inferiorização e a exploração de estrangeiros denominados, no linguajar corrente, de "trabalhadores imigrados", figura culturalmente bem diversa dos modelos da sociedade de acolhida, porém bastante integrada socialmente pelo trabalho. Em certas situações, ele vinha carregado pelo peso dos últimos combates em favor da descolonização ou por sua recusa ao domínio colonial; foi, em particular, o caso da França, onde grupos saudosos da Argélia francesa cometeram atos de violência racista até os anos de 1970, e onde o poder político, até o fim da guerra argelina, carrega pesadas responsabilidades no tocante ao racismo antiárabe. Uma onda especialmente mortífera teve lugar em 1973, em parte reivindicada pelos "comandos Charles Martel"; os assassinatos em agosto de 1976, em Paris, causaram treze mortos, reivindicados pela "Organização Delta"; segundo o Amicale des Algériens na França, uma centena de argelinos teria sido morta entre 1971 e 1978 em solo francês. Encontraremos no livro de Fausto Giudice, *Arabicides* (Arabicidas), um estudo impressionante sobre os assassinatos dos árabes na França durante esse período.

Em um segundo tempo, o racismo se renovou em suas significações, como testemunham os esforços para pensá-lo nos termos do diferencialismo ou do racismo cultural evocados na primeira parte. À que se deve esse fenômeno que parece ter o perfil de uma progressão inaugurada na Grã-Bretanha, desde os anos de 1950, para estender-se em seguida ao leste e ao sul, ganhando a França e a Bélgica no começo dos anos 1980, os países escandinavos e a Alemanha um pouco mais tarde, e países como a Itália ou a Espanha no fim dos anos 80? Para além de diferenças não desprezíveis nas modalidades de expressão concreta do fenômeno, sua expansão recente procede de transformações em profundidade, que são, em muitos aspectos, as mesmas de uma sociedade para outra.

O raciocínio que vai nos guiar aqui consiste em mostrar como, examinando três registros principais, um certo número de países na Europa ocidental experimentou, desde os anos de 1960 e 1970, uma mutação que o racismo acompanha, como também a doença senil que decompõe as formas de vida coletiva e as doenças infantis que se criam.

O Fim da Sociedade Industrial

O primeiro registro, o mais importante, remete à desestruturação das relações sociais características da era industrial. Até os anos de 1970, essas relações, enraizadas na fábrica e na oficina, os patrões e o movimento operário estavam frente a frente em um antagonismo que estruturava o conjunto da vida coletiva. Havia outros grupos sociais além daqueles engajados em relações de classe. Embora alguns operários não se reconhecessem na imagem dessas relações, não alimentavam menos os debates políticos mais importantes, os movimentos de idéias e a produção intelectual ou ainda as lutas sociais em outros campos, além da indústria.

Os Trabalhadores Imigrados diante do Racismo

O racismo encontrou seu lugar nas relações de produção, mesmo considerando difícil aplicar aos imigrantes que vieram trabalhar na Europa a análise marxista já citada do sociólogo americano Oliver C. Cox, cuja obra, *Caste, Class and Race* (Casta, Classe e Raça), exerceu certa influência na Grã-Bretanha. Para Cox, o racismo tal como consta em sua própria sociedade é fruto do capitalismo, está inscrito nas relações de dominação em que uma classe superior, branca, explora o proletariado negro. Opõe-se às análises que se afastam dessa oposição elementar entre duas classes para se interessar pelos "pobres brancos", por exemplo, as de John Dollard[1] e Günnar Myrdal[2], já citadas, ou à formação, sublinhada mais tarde por Franklin E. Frazier, de uma burguesia negra[3].

Na Europa, dos anos de 1950 a 1970, com exceção parcial do Reino Unido, em que muito cedo se apresenta em termos racistas a questão da diferença cultural dos imigrados, estes últimos são definidos socialmente mais que racialmente e aliás muitos dentre eles, além de sofrerem xenofobia, são percebidos como um proletariado branco. O racismo não estrutura aí as relações capitalistas de produção, mas, antes, as acompanha e eventualmente as reforça, facilitando a superexploração dos trabalhadores imigrados. As organizações do movimento operário são em geral um campo de integração para esses trabalhadores que aí encontram recursos e participam de suas lutas, porém menos que outros no conjunto.

---

1. J. Dollard, *Caste and Class in a Southern Town*.
2. G. Myrdal, *An American Dilemma*.
3. E. F. Frazier, *Black Bourgeoisie*.

A Nova Face do Imigrado

Tudo se modifica em alguns anos, sendo o período decisivo o dos anos de 1970. O taylorismo é em toda parte questionado e, ao mesmo tempo, os ganhos de produtividade e os deslocamentos de fábricas para os países emergentes desembocam em supressões maciças de empregos nas indústrias européias. A Europa descobre a desaceleração do crescimento, mas, sobretudo, os fenômenos de dualização da economia que delineam o desemprego, a exclusão e tornam precária a situação de parcelas cada vez maiores do mundo do trabalho. O movimento operário perde sua centralidade, é cada vez menos o ator contestador cujas lutas têm um alcance universal, muito além dos interesses particulares dos próprios operários. Aquilo que subsiste depois disso ganha cada vez mais a imagem do corporativismo, do neocorporativismo e da defesa categorial. Os partidos políticos de esquerda têm mais e mais dificuldade em assegurar para si um papel de representação das demandas sociais, os sistemas políticos se embaralham, ao mesmo tempo que o movimento das idéias se distancia dos debates sobre a classe operária e (provisoriamente) da crítica do capitalismo (fala-se antes do vazio social e, na literatura pós-moderna, do "fim das grandes narrativas" e das grandes mobilizações).

Nessa transformação social, a face do trabalhador imigrado modifica-se, tanto mais rapidamente quanto o reagrupamento familiar e o direito ao solo, em especial na França acelera-se a mudança. A imagem clássica do celibatário varão, jovem, vivendo em um lar ou albergado por um locador de vaga que o superexplora à espera do retorno ao país de origem, cede lugar a outras, mais complexas, em que se misturam, não sem fantasmas, os temas da religião (a começar pelo islã), da violência e da delinqüência dos moços ou da família desagregada. Como disse Stéphane Hessel em um importante relatório preparado a pedido do

Comissariat du Plan[4], a imigração não é mais de trabalho, ela se torna de povoamento.

Exclusão e Segregação

Nessa paisagem social renovada, o racismo se constrói contra os imigrados e sua descendência de maneira também nova. Até então participava da exploração de trabalhadores incluídos nas relações de produção, agora ele passa, sobretudo, a contribuir para excluir seus filhos do emprego e os discriminar ou os manter a distância no espaço urbano. O racismo, em suas dimensões sociais, desenvolve-se concretamente determinado por duas lógicas principais.

A primeira é o fato de membros do grupo dominante, convertidos também em vítimas da mudança, verem-se abandonados em razão da desindustrialização. Despojados, vivendo um intenso sentimento de abandono e de desamparo, obrigados com freqüência a partilhar das condições de existência das populações saídas da imigração, essas pessoas se voltam contra estas. O racismo, aqui, pode tomar a aparência de palavras exasperadas, mas também se endurecer no seio de grupos de *skinheads* ou de neonazistas; ele pode ser ao mesmo tempo informado e capitalizado pelo discurso populista das direitas radicais.

E uma segunda lógica, cujas expressões são freqüentemente mais controladas, corresponde às categorias sociais abonadas, camadas médias ou superiores que tentam sobretudo manter a alteridade a distância, construindo as barreiras simbólicas e concretas da segregação: *habitat* separado, escola privada ou mecanismos que permitam evitar para os filhos os estabelecimentos freqüentados por alunos provenientes da imigração, voto, também, em favor das formações políticas mais rígidas com respeito aos imigrados.

---

4. S. Hessel, *Immigrations: le devoir d'insertion.*

Em certos casos, os sindicatos e os partidos políticos de esquerda não resistem ao clima racista que se desenvolve e tornam-se mais ou menos permeáveis a temas que dele procedem ainda que seja apenas para não perder sua clientela nas empresas ou seu eleitorado, cujo deslizamento para a extrema direita se constata. Por vezes, esta última lógica procura institucionalizar-se, tomando pé no sindicalismo ou no tecido social associativo, como se constata na França com as tentativas de criação de diversos sindicatos pelo Front National, ou com seu início de penetração nos conselhos de administração da habitação social.

O Individualismo

A modernidade é indissociável do individualismo, que não constitui de modo algum um tema novo. Mas a passagem à sociedade pós-industrial opera-se com acentuação do individualismo moderno e este tem uma incidência sobre o racismo.

O individualismo apresenta duas dimensões complementares. De um lado, exige participação na vida moderna, acesso ao consumo, ao emprego, à educação, à saúde, ao dinheiro, sobretudo como condição que permite esse acesso. De outro, constitui exigência em relação ao indivíduo, tensão pessoal para que se construa a si mesmo, efetue escolhas, aja de maneira autônoma, troque e se comunique. Essa exigência é extremamente viva nas sociedades pós-industriais, ela é um de seus traços culturais, antropológicos, dos mais nítidos. Contrariada, ou proibida, a subjetividade dá espaço ao sentimento agudo de ser desprezado, desqualificado, e esse sentimento pode se associar a comportamentos extremos, de raiva destrutiva ou autodestrutiva em especial. O sujeito incapaz de constituir-se ou infeliz pode manifestar condutas das mais violentas, mas também pode tentar erigir-se em ator exemplar, isto é, tomando inteiramente o controle de si no quadro, por exemplo, de um engajamento religioso que proíbe a delinqüência e orienta a maior parte das atividades da vida cotidiana.

Desse ponto de vista, o racismo contemporâneo se apresenta às suas vítimas como algo que limita ou lhes interdita duplamente o acesso ao individualismo. Reforçando a exclusão social dos imigrados, bem mais do que os inferiorizando nos relacionamentos sociais em que dispunham de um lugar, como na era industrial, ele entrava sua admissão na vida econômica. E, sobretudo, ao lhes negar a possibilidade de se construírem e de se afirmarem como sujeitos, ao lhes recusar essa dignidade e ao substituí-la pelo desprezo, ele os desqualifica e os estigmatiza, acarretando-lhes um tratamento radicalmente oposto aos valores culturais que informam a vida coletiva. O racismo, nessas dimensões de violência simbólica, é duplamente insuportável e frustrante. Ele exclui, enquanto reluzem, na televisão e nas vitrinas das lojas, os encantos da modernidade e as promessas não mantidas da inclusão, e o racismo é uma modalidade particularmente poderosa de negação do sujeito pessoal no coração de uma cultura que o valoriza em mais alto grau.

A Crise das Instituições

Um segundo registro que convém seguir para analisar o racismo contemporâneo é o da crise das instituições de que se haviam investido as sociedades industriais, cada uma a sua maneira.

A Escola

A crise envolve primeiro as instituições destinadas a assegurar a socialização e a individuação das pessoas. A escola pública, aqui, está no coração dessa aposta de importância crucial. Ela deve, em princípio, oferecer às crianças uma educação que lhes trará os recursos necessários a uma participação mais completa possível na vida da cidade, de maneira igualitária. Ora, em todo lugar na Europa, a escola pública parece penar para cumprir sua missão e, amiúde, suas dificuldades são imputadas, nesse caso, ainda, à imigração. O racismo, aqui, consiste em acusar as principais vítimas dessa crise de serem seus responsáveis, imputando aos imigrados a causa dos fracos resultados escolares. Lança a censura sobre os filhos deles de introduzir na escola os problemas da crise urbana e de ser fonte de paralisia para os docentes, de tensões, de violência, ou de uma etnicização que se estenderia às provocações culturais, como vimos na França com o caso do "véu islâmico" – em 1989, o diretor de um colégio de Creil, na região parisiense, desencadeou intensas polêmicas políticas e midiáticas ao recusar a três jovens colegiais, cobertas por tal véu, a admissão às salas de aula. O racismo pode consistir também, de maneira mais velada, e segundo comportamentos que já foram apresentados neste livro, de um mecanismo para acionar estratégias de escolha dos estabelecimentos escolares, correspondendo a uma lógica de segregação social que se torna rapidamente racial. Menos diretamente, porém de forma mais maciça, a segregação do *habitat* basta, muitas vezes, para assegurar a segregação escolar.

A Solidariedade, a Ordem e os Serviços Públicos

A crise afeta também as instituições encarregadas do seguro social e da solidariedade, segundo fórmulas que variam de um país a outro, e todas se deparam com dificuldades financeiras consideráveis, a partir dos anos de 1970, mesmo lá onde elas pareciam particularmente sólidas, como nas social democracias escandinavas. O envelhecimento da população, o crescimento das exigências de saúde, o aumento do desemprego exercem por toda parte, na verdade, os mesmos efeitos sobre os sistemas de previdência estatal e de redistribuição, concebidos e desenvolvidos em uma conjuntura histórica de forte crescimento e de pleno emprego. A tentação é grande, nesse caso, de imputar as dificuldades aos imigrados, acusados então de abusar e de perverter esses sistemas, embora, na realidade, contribuam com eles na mesma medida que deles recebem.

A crise envolve igualmente as instituições encarregadas da ordem e da segurança públicas, a polícia, a justiça, ou aquelas que asseguram um serviço público, setor ao qual um país como a França está particularmente vinculado. Amiúde ultrapassadas ou impotentes, essas instituições desenvolvem um racismo que não é sempre tão impessoal quanto queria o conceito já evocado de racismo institucional. Os motins urbanos britânicos ou franceses dos anos de 1980, por exemplo, foram, na maioria das vezes, desencadeados por comportamentos racistas da polícia, excessos ou "bravatas", cujas vítimas são os jovens oriundos da imigração.

Condições Favoráveis ao Racismo

De modo mais geral, a crise das instituições não poderia ser explicada pela presença, nos países interessados, de uma mais ou menos importante imigração de povoamento. Ela procede muito mais das dificuldades sociais das pessoas que trabalham nessas instituições; da não-adaptação de sua organização, amiúde arcaica, ou da incapacidade dos responsáveis em assegurar a modernização de seu gerenciamento. E, sobretudo, de uma perda de sentido, que faz com que os valores universais com os quais se identificam as instituições não se transcrevam de forma mais concreta, na sua prática. Testemunham isso, em particular, a dificuldade que existe atualmente em refundir a noção de serviço público ou, mais ainda, os grandes debates contemporâneos sobre a diferença entre igualdade e eqüidade. Um tal contexto cria condições favoráveis para a extensão do racismo, suscitando fenômenos como o da criação de um bode expiatório, imputando a crise aos imigrados e permitindo ou tolerando comportamentos racistas dos agentes que asseguram o funcionamento dessas instituições.

À crise das instituições somam-se dois fenômenos, um propriamente político, o outro ideológico. Em toda parte constata-se um certo esgotamento dos sistemas políticos estabelecidos, ou os renovados ao final da Segunda Guerra Mundial ou mais tarde, e sua grande dificuldade em transformar-se para adaptar-se às tentativas de sociedades que se tornaram pós-industriais. Nessas dificuldades, os temas do nacionalismo e da imigração, próximos do racismo, tornam-se os pontos a serem disputados nos debates e exercem uma influência sobre a eventual recomposição política. Os partidos populistas ou de extrema direita tornam-se verdadeiras forças eleitorais, na França, mas também na Áustria, na Bélgica ou na Itália, a imigração é um cavalo de batalha comumente montado, com conotações racistas e anti-semitas, mais ou menos explícitas.

Além disso, as idéias neoliberais ganharam um terreno considerável no decorrer dos anos de 1980 e no começo dos anos de 1990, começando a ceder terreno apenas a partir de meados dos anos 90. Essas idéias prosperam acompanhando a crise das instituições com um discurso que prega o desengajamento do Estado ou privatizações maciças. O que encoraja a escalada do racismo não seria o fato de inspirar-se em discursos próximos ao do que os americanos chamam de racismo simbólico: não é preciso, reza o discurso neoliberal em suas extensões xenófobas e racistas, acabar com intervenções estatizantes ou políticas sociais que encorajam as populações oriundas da imigração a tudo esperar do Estado e da solidariedade nacional, e a não produzir nenhum esforço? Não seria preciso deixar de oferecer garantias e ajudas que, mais ainda, atrairiam do estrangeiro novos imigrantes que pensariam apenas em se beneficiar indevidamente dos frutos da atividade do trabalho dos nacionais? Um paradoxo é que, no caso, o discurso neoliberal é favorável à abertura das fronteiras, inclusive porque ela autoriza o livre jogo da oferta e da procura no mercado internacional do trabalho.

A Escalada das Identidades Culturais

Um terceiro registro remete à escalada das identidades culturais, tal como ela se exerce em todos os lugares no mundo desde o fim dos anos de 1960. Essa escalada pode ser lida como uma das modalidades de processos que atuam em escala planetária e que combinam, paradoxalmente, globalização econômica e internacionalização da cultura sob hegemonia americana de um lado, fragmentação cultural de outro. Ela merece ser examinada em três de suas dimensões complementares.

O Nacionalismo

A idéia de nação é muitas vezes apresentada, a justo título, sob a forma de um par de oposições. Numerosas variantes dessa imagem atravessam as ciências políticas e sociais. Assim, foi possível distinguir a concepção, denominada francesa, que, segundo uma fórmula célebre de Ernest Renan, faz da nação um "plebiscito de todos os dias", e a concepção, denominada alemã, que insiste em sua identidade histórica e cultural e na pertinência orgânica de cada um de seus membros ao mesmo povo. Ou, então, ainda pode-se falar de uma idéia moderna de nação, cívica e territorial, apoiada em projetos de desenvolvimento econômico e de abertura política, em oposição a uma idéia étnica, ocasionalmente hostil ao mundo moderno, à cidade e à indústria.

O período que se abriu a partir dos anos de 1970 viu, em todos os lugares da Europa, recuar a idéia aberta de nação, em proveito das concepções fechadas, nacionalistas. Essa evolução se explica por mudanças internacionais: pela mundialização da economia, que vê, não sem excesso, a nação não mais como o quadro simbólico e territorial da vida econômica, mas como um espaço nem sempre capaz de resistir ou de se adaptar a fluxos financeiros, a mercados comerciais ou a sistemas de decisão que lhe são exteriores;

pelo aumento do consumo de massa e da comunicação internacional, que asseguram a primazia às indústrias culturais americanas e à língua inglesa; pela construção européia, enfim, amiúde percebida como um fator que afeta a identidade e a soberania nacionais. Ela deve muito também às mudanças evocadas acima, declínio das relações sociais e industriais, crise das instituições.

O principal resultado, do ponto de vista que nos interessa, está em uma retração da idéia de nação ao redor de seu único pólo nacionalista (ou assimilável: regionalista, por exemplo, naquilo que concerne à Liga do Norte na Itália, que se esforça para constituir o norte do país em uma nação, a "Padania"). Ora, a montante em força dos nacionalismos é indissociável da de correntes xenófobas, racistas e anti-semitas.

As Identidades Culturais

Um segundo fenômeno, cujas fontes são próximas, e que entra em tensão com a precedente, se acha na desmultiplicação* das identidades culturais, que, não apenas se desenvolvem mas, também, pedem comumente seu reconhecimento no espaço público. Essas identidades são de toda ordem: religiosas, étnicas, de "gênero", elas traduzem eventualmente um esforço dos atores para transformar um *handicap*: uma deficiência física ou uma moléstia crônica em diferença e em capacidade de afirmar-se de maneira autônoma etc. Vários processos concorrem para sua emergência e para suas incessantes transformações. As identidades culturais, com efeito, podem se vincular à reprodução ou à perpetuação, ao menos aparentemente, quando, por exemplo, um movimento regionalista luta pela sobrevida de uma cultura ameaçada ou por mais autonomia política. Podem também ser importadas e ser,

---

*. Empregamos o termo com o sentido recentemente dicionarizado em português que é de redução de velocidade. (N. da. T.)

então, mais ou menos bem acolhidas, proceder do estrangeiro, particularmente da imigração.

Porém, convém desconfiar das idéias recebidas. A tradição que as identidades em questão reivindicam constantemente é uma invenção recente e, sobretudo, a cultura das minorias oriundas da imigração está mais vinculada à produção do que à reprodução. Por exemplo, o islã dos jovens na França, como demonstrou Farhad Khosrokhavar[5], é relativamente diversificado e diferente do de seus pais. Resulta em boa parte de uma elaboração nova ligada aos problemas sociais contemporâneos da sociedade francesa (integração, exclusão, racismo etc.). Mais amplamente, as sociedades européias contemporâneas, como outras, caracterizam-se pela escalada de diferenças culturais de todo gênero que, por sua vez, elas mesmas não cessam de se fragmentar e de se recompor. Por conseguinte, entre seus debates mais ativos e mais passionais, aqueles que remetem ao tratamento político dessas diferenças e, por exemplo, ao multiculturalismo ocupam um lugar considerável.

Isso contribui para o reforço e a renovação do racismo. Para a renovação, na medida em que as identidades culturais são em toda parte suscetíveis de gerar tensões interculturais ou intercomunitárias que se aderem facilmente ao racismo com dominante diferencialista. Para o reforço, na medida em que cada uma dessas identidades pode ser tentada a se naturalizar e a naturalizar outros atores, contribuindo para uma etnicização da vida coletiva que pode abrir a via a uma racialização das relações sociais e políticas. Essas tendências são, ao mesmo tempo, mais visíveis e mais aceitas nos países anglo-saxões do que na França, onde a idéia republicana resiste à penetração do tema da diferença cultural no debate político.

---

5. F. Khosrokhavar, *L'Islam des jeunes*.

As Redes Diaspóricas

Uma terceira característica dos fenômenos culturais contemporâneos é que eles se revestem, bem mais do que no passado, da forma de redes transfronteiriças, assimiláveis em muitos aspectos a diásporas, cuja experiência fundadora constituída pela diáspora judaica foi consideravelmente transformada desde o fim da Segunda Guerra Mundial.

As diásporas, na Europa, correspondem no essencial a três casos. O primeiro é aquele em que um acontecimento fundador, sob a forma de um traumatismo maior, genocídio, guerra civil, expulsão, ou então uma repressão contínua particularmente severa, impele uma população ao exílio parcial ou total. A diáspora, aqui, mantém uma forte relação, mais ou menos onírica, com o território de onde ela procede e sonha ou acaricia o projeto de um retorno ao país. Além dos judeus, esse caso concerne em primeiro plano aos armênios, aos palestinos e aos curdos.

Um segundo caso corresponde a processos menos brutais, a um ponto de partida que provém de uma escolha, e às atitudes pelas quais os migrantes mantêm, mesmo depois de várias gerações, laços estreitos, econômicos, culturais, pessoais e familiares com o país de origem, mas instalados em outros países que não o seu. A experiência chinesa é aqui exemplar.

Um terceiro caso é aquele em que a diáspora é pura e simplesmente uma invenção, uma produção, sem referência incisiva a um momento fundador, nem a uma ancoragem histórica e territorial particular. É o que acontece, em especial, com as redes descritas por Paul Gilroy quando ele fala de um Atlântico negro[6] para evocar a inovação cultural, a criatividade musical, as práticas centradas no corpo, mas também nas atividades econômicas dos negros, cujo espaço de circulação atravessa o Atlântico, vai dos Estados Unidos ao Reino Unido e passa pelas Antilhas.

6. P. Gilroy, *The Black Atlantic*.

Esses fenômenos, aos quais poderiam ser juntados às *noras**, que asseguram um fluxo contínuo de pessoas entre um país de origem, em especial africano, e um país acolhedor, desempenham também um papel importante nas transformações do racismo. Colocam em questão a moldura dos Estados-nações, porque funcionam em uma outra escala, o que suscita em troca temores e fantasias nos nacionais, os quais podem inquietar-se ao ver tais redes em funcionamento. Clamam, então, ainda mais energicamente pelo fechamento da nação em si mesma, com as implicações racistas que isso com freqüência acarreta.

Escaladas de nacionalismos, afirmação das identidades particulares e desmultiplicação das redes transnacionais: a fragmentação cultural faz com que o racismo de dominante diferencialista não seja inelutável, porém, bem mais ameaçador do que no passado. Isso é verdade, em primeiro lugar, em relação ao grupo dominante, aos nacionais "de cepa", que tendem a enrijecer-se e a querer opor-se às tendências de fragmentação e de diversificação cultural. Mas isso concerne também aos grupos minoritários cujos conflitos, tensões e violências eventuais podem ser lastreados de referências a atributos raciais, tanto em relação a outros grupos quanto a eles mesmos.

Retorno ao Anti-semitismo

Nesse panorama, a questão do anti-semitismo se renova também, segundo caminhos que não decorrem, dos exclusivos esforços das direitas radicais e nacionalistas. O ódio aos judeus, com efeito, desenvolve-se comumente no seio de populações provenientes do mundo árabo-muçulmano, ou que descobriram ou redescobriram o islã. Baseia-se na equação que faz sionistas os judeus e, daí, inimigos irredutíveis dos muçulmanos e dos árabes, ao mesmo tempo que ele lhes reprova seus supostos laços com o dinheiro, as mídias ou o poder.

*. Nora – aparelho para tirar água dos poços. (N. da T.)

O paradoxo do anti-semitismo contemporâneo é que ele é conduzido por pessoas que, aliás, se lhe opõem desde que se trate de racismo, visto que, por exemplo, na França surgem da imigração recente, em especial magrebina, e que os outros, "franceses de cepa", estão convencidos de que essa imigração é fonte de dificuldades sociais e de ameaça para sua identidade nacional. Acrescentemos aqui que o que vale para a Europa vale igualmente para os Estados Unidos, onde as relações entre negros e judeus são singularmente tensas e onde um líder como Louis Farrakhan pode congregar até várias centenas de milhares de negros (quando da "One Million March" de Washington em outubro de 1995) em torno de uma temática que inclui um anti-semitismo comprovado.

A Desestruturação das Sociedades Nacionais

Os três registros que acabam de ser diferenciados, social, institucional e cultural, são de fato os que, segundo Daniel Bell[7] e muitos outros analistas, permitem definir as sociedades modernas. A modernidade, por conseguinte, encontra-se em correspondência relativa com esses três registros, que são nela articulados, integrados, sem se confundirem nem se separarem inteiramente.

A partir dos anos de 1960, as sociedades ocidentais, em especial na Europa, conheceram consideráveis transformações em cada um desses registros. O conjunto dessas mudanças desenha uma mutação que não se reduz à sua soma. Com efeito, não só a era industrial libera-se do passado, não só as instituições supostamente asseguradoras da igualdade e da solidariedade estão em crise profunda e demandam renovação, não só o horizonte cultural dos países concernentes, até então unificados pela idéia moderna de nação, embaralham-se e fragmentam-se, mas,

---

7. D. Bell, *Les Contradictions culturelles du capitalisme*.

além disso, a integração do social, do institucional e do cultural torna-se cada vez mais problemática, pelo menos para um certo número de países.

Essa integração foi particularmente forte, na Europa, no tocante aos grandes Estados-nações, já por si só expressão marcante da forte correspondência das instituições (o Estado) e da identidade cultural (a nação). E em todo o decorrer da era industrial, nação e sociedade foram constantemente identificadas uma com a outra, muito simplesmente porque, para o essencial, o quadro cultural, simbólico e territorial da vida social era dado pela nação. A expressão de "sociedade nacional" dá conta da coerência dessas duas categorias.

Mas países como a França e a Grã-Bretanha, aos quais se aplicou melhor essa noção de sociedade nacional, afastam-se disso depois dos anos de 1960 ou 1970. A vida social e econômica corresponde aí cada vez menos à vida cultural, e as categorias que nós utilizamos para explicar a primeira foram "desnacionalizadas", distanciadas daquelas que servem para descrever a segunda, remetem a fenômenos planetários, não inscrevem mais a experiência social vivida necessariamente no seio de uma sociedade identificável a uma nação. Nós nos descrevemos menos pelo passado do que por nosso lugar na estratificação social e, ainda menos, como parte receptora de um conflito estrutural cujo quadro é o do corpo social e, portanto, da nação. Mais ainda, a população se define em termos de incluída e excluída, estando a primeira capacitada a participar de uma economia globalizada e a outra, rejeitada para as margens ou para a periferia das relações sociais em que ela própria se anula. E nossas atividades técnicas ou econômicas, aquilo que faz com que pertençamos ao mundo da razão instrumental, em vez de geridas ou inscritas no quadro de uma sociedade nacional, parecem cada vez mais se dissociar de nossas identidades e de nossa cultura. A nação, a memória, a língua, a religião, o patrimônio histórico, as tradições, os valores morais ou éticos separam-se do universo globalizado dos mercados, dos fluxos financeiros, das redes de informação mundializadas, de modo que a cultura e os símbolos definem universos distintos daquele do mundo econômico e social.

E no meio das fendas que separam esses dois universos, socioeconômico e cultural, as instituições que asseguravam a socialização, o processo em adequação dos indivíduos, da cultura e da sociedade, têm cada vez mais dificuldade para funcionar. Às transformações, que foram por nós escolhidas para uma primeira descrição, registro a registro, junta-se uma outra, fundamental, que resulta do distanciamento crescente daquelas, como se tivéssemos embaralhado os caminhos, próximos uns dos outros de início, e então suscetíveis permanentemente de cruzar-se e de interpenetrar-se, que se apartam cada vez mais à medida que passam os anos.

Nessa evolução, o racismo não é apenas o fruto das mudanças que se desenrolam em cada um dos registros que foram considerados. Ele é também uma reação à sua dissociação. Essa reação pode ter significados de dois tipos opostos. De um lado, pode exprimir uma recusa da evolução, uma espécie de apelo à manutenção cada vez mais artificial daquilo que se desfaz, e traduzir então um recuo no qual, sob diversas modalidades, o racismo contribui para estruturar um discurso destinado a manter nas devidas condições os valores da nação ou as regras de funcionamento das instituições. O ódio aos imigrados, também aos judeus, alimenta então um passadismo que pode apresentar dominante nacionalista, mas que pode, também, sobretudo em um país como a França, lastrear-se em uma temática "republicana", na qual a República una e indivisível, com seus grandes princípios de igualdade, de solidariedade ou de laicidade, é invocada de forma incantatória, sem capacidade de propor um tratamento democrático para as diferenças culturais que exigem reconhecimento no espaço público.

Por outro lado, o racismo pode acompanhar a aceitação das tendências contemporâneas à dissociação pós-moderna, à combinação de atitudes favoráveis às idéias neoliberais em nome da eficácia e do pragmatismo, e de um tribalismo que se acomoda perfeitamente com o enfraquecimento do Estado, com o crescimento das desigualdades e mais amplamente com os desgastes do neoliberalismo.

O esquema abaixo pode trazer uma síntese dessas diversas observações.

De um País ao Outro

Será a análise geral que precede e que deveria valer para pelo menos vários países da Europa confirmada pela observação empírica das manifestações concretas do racismo e pela comparação de algumas experiências, como aquelas que nós mesmos estudamos com Philipe Bataille, Kristin Couper, Danilo Martuccelli e Angelina Peralva para o caso da França, da Grã-Bretanha, da Alemanha, da Bélgica e da Itália, em nossos livros *La France raciste* (A França Racista), depois *Racisme et xénophobie en Europe* (Racismo e Xenofobia na Europa)?

De fato, as diferenças são sensíveis se consideradas apenas a intensidade da violência racista ou as modalidades da passagem do racismo ao nível político. Assim, a violência racista no cotidiano e o assédio racial são poderosos na Grã-Bretanha onde, em compensação, não há quase nenhuma formação política de extrema direita, cujo impacto ou influência seriam decisivos. A violência racista, guardadas todas as proporções, é fraca na França, em que um poderoso partido de extrema direita, racista e anti-semita, o Front National, beneficiou-se, no entanto, com 15% dos votos no primeiro turno das eleições legislativas de 1997. E na Alemanha, viu-se simultaneamente inflar uma onda, no começo dos anos de 1990, uma violência racial mortífera e várias formações políticas de inspiração neonazista ou similar, mas essa onda se arrefeceu em seguida.

Essas diferenças, e muitas outras, nos indicam que o racismo é um fenômeno que, apesar das tendências contemporâneas para a desestruturação das sociedades nacionais, deve ainda ser analisado em seu quadro. Este permanece suficientemente fértil para pesar sobre as formas específicas do fenômeno. A cultura política, por exemplo, jacobina e centralizadora ou, ao contrário, favorável à vida local, o passado, em particular colonial, o tipo de nação, sua formação, sua história, a maneira, também, de como se organizaram ou não as relações sociais na era industrial, a existência, ou não, de fortes tensões inter-regionais, as concepções tradicionais da diplomacia e do lugar do país no mundo ou na Europa contribuem para moldar o racismo no seu quadro nacional. Mas se ele se reveste de formas variáveis de um país a outro, se ele se instala em nível político apenas em certos casos, isso não invalida de modo algum a análise de conjunto aqui proposta, e que imputa a atualidade do racismo à mutação geral na qual se desestruturam as velhas sociedades nacionais, ao mesmo tempo que se esboçam novas relações sociais, políticas e culturais.

6. A INFLUÊNCIA DAS MÍDIAS

Não se pode analisar seriamente o racismo contemporâneo sem se interrogar sobre a influência eventual das mídias na progressão, difusão, mas também na regressão do fenômeno.

Em certos casos, as mídias se inscrevem em uma lógica direta de produção ou de co-produção do racismo, em particular quando as exigências do *scoop**, da informação espetacular, podem constituir um encorajamento ao racismo e, por exemplo, dar aos atores racistas um peso, uma visibilidade e uma eficácia multiplicados. Assim, no quadro de uma pesquisa que resultou em *La France raciste*, pudemos constatar que os *skinheads* parisienses se regozijavam com a maneira como os jornalistas se comportavam a seu respeito, filmando-os na tribuna "Boulogne" do Parc

---

*. Gíria de imprensa – furo jornalístico. (N. da T.)

des Princes em seus excessos, por ocasião das partidas de futebol, ou pedindo-lhes que se entregassem a atos de violência racial sob a objetiva de câmaras e de aparelhos fotográficos: relatando os modos de agir desses grupos, expondo-os à vista, esses jornalistas lhes proporcionaram uma capacidade aumentada de recrutamento e de difusão de suas teses. Além disso, diversos estudos mostraram que as mídias suscitam condutas por imitação, no domínio do racismo como em outros; assim, quando uma informação sobre uma profanação de cemitério judaico é difundida, ela desencadeia comumente uma série de atos da mesma natureza.

Como para muitas outras questões, as ciências sociais propõem duas perspectivas extremas que balizam a pesquisa e delimitam o espaço teórico no interior do qual ela se desenvolve.

A primeira considera que as mídias não fazem senão assegurar a reprodução da difusão do racismo, o que significa minimizar, até recusar a idéia de um papel que elas poderiam ter na sua produção, que se efetuaria em outra parte. As mídias, desse ponto de vista, exprimindo ou traduzindo fenômenos que provêm da sociedade em geral, fora de sua capacidade de intervenção, elas asseguram, mais inconscientemente que deliberadamente, a reprodução das relações sociais nas quais o racismo encontra seu lugar. O racismo, explica por exemplo Teun Van Dijk[1], é objeto de comunicação, é uma ideologia que as mídias reproduzem e transmitem, perpetuando assim os estereótipos e os preconceitos que trespassam a sociedade considerada; a imprensa, afirma ele, apoiando-se em trabalhos empíricos, não é imparcial quando trata das *race relations*. E se Van Dijk indica que o papel das mídias não se limita à exclusiva reprodução e que elas exercem efeitos específicos sobre a formação do racismo, ele considera, no essencial,

---

1. T. A. Van Dijk, *Communicating Racism;* e *Racism and the Press.*

que este se opera em outros lugares além dos jornais ou da televisão, que são para ele sobretudo vetores ou veículos.

Um segundo ponto de vista, ao contrário, considera que a formação dos preconceitos e do ódio racistas procedem, entre outros fatores, de uma intervenção específica das mídias, que contribuiriam de maneira autônoma à extensão do fenômeno, sem relação necessária com outros atores ou outras organizações. Nessa perspectiva, seu universo profissional funciona à parte, sem grande conexão com as realidades sociais, movido por lógicas próprias que resultam na fabricação de relatos, de imagens, de representações, cuja produção não é diretamente informada pelo real. Por conseguinte, o que dizem as mídias não é submetido à prova da objetividade. "Lendo o jornal", explica assim Patrick Champagne, citado por Alain Battegay e Ahmed Boubeker em uma obra consagrada ao tratamento da imigração pelas mídias[2], "as pessoas crêem ser informadas do que se passa no mundo; na realidade [...], elas são informadas apenas daquilo que se passa no jornal".

Levada ao extremo, uma tal tese significa que os jornalistas e todos aqueles que trabalham em órgãos de imprensa nos informam, no final das contas, sobre eles próprios, sobre o modo de organização das mídias, sua estruturação profissional, seus critérios de seleção e de hierarquização das notícias e não sobre o que eles pretendem tratar, a sociedade, a política, a cultura etc. Essa orientação de análise, centrada na idéia de uma produção autônoma do racismo pelas mídias, implica que estas exercem uma influência, efeitos sobre o fenômeno, tal como ele opera em seguida no exterior delas mesmas; sua originalidade é fazer do racismo não apenas o produto do trabalho geral da sociedade sobre si mesma, porém, por um lado, o resultado de uma atividade específica de comunicação que se desdobra de maneira independente.

---

2. A. Battegay; A. Boubeker, *Les Images publiques de l'immigration*.

Um exemplo pode ilustrar essa abordagem do papel das mídias. O da Itália do começo dos anos de 1990. Constata-se então, com efeito, que o racismo é onipresente na imprensa, com um recurso freqüente às categorias importadas dos debates anglo-saxões e franceses, e em termos bem excessivos em relação às realidades do momento. E pode-se considerar que os desenvolvimentos ulteriores do racismo na Itália foram preparados, ao menos parcialmente, por essa intensa atividade midiática, desproporcionada, que pôde exercer efeitos definidos como uma "profecia auto-realizadora": à força de anunciar e descrever um fenômeno, ele se constitui em realidade.

Fazendo do sistema das mídias um espaço que tende a se tornar autônomo em relação à sociedade e sua atividade ou, então, uma câmara de eco, eventualmente deformante, deixamos de lado aquilo que é próprio das mídias na democracia, seu papel na comunicação moderna, que não se reduz certamente nem a uma função de espelho (a reprodução), nem a uma atividade autônoma (a produção). Acontece com o racismo como em muitos outros fenômenos sociais: as mídias não agem aqui de maneira nem homogênea, nem unidimensional, elas participam de sistemas de ação nos quais estão em inter-relação com todos os tipos de atores.

O Pluralismo das Mídias

Em um estudo publicado em 1974, Paul Hartmann e Charles Husband[3] pedem às crianças e aos adultos que indiquem suas fontes de informação no que concerne a suas opiniões relativas aos grupos étnicos. As respostas que eles obtêm variam *grosso modo* em função do conhecimento prático que têm ou não as pessoas interrogadas dos grupos étnicos em questão. Quando elas habitam em zonas em

---

3. P. Hartmann; C. Husband, *Racism and the Mass Media*.

que tais grupos estão ausentes ou quase, dizem forjar suas opiniões antes de tudo por meio do que dizem as mídias; quando esses grupos estão presentes, o conhecimento do Outro procede de uma experiência concreta partilhada – é pelo menos o que respondem as pessoas inquiridas.

Um estudo como esse atrai muitas críticas metodológicas e seus resultados poderiam ser discutidos e até contestados. Mas seu interesse é de convidar a levar em consideração, na análise, a pluralidade das fontes de informação que podem eventualmente alimentar, fortalecer ou fazer evoluir os preconceitos racistas. Pode-se assim formular a hipótese segundo a qual a influência das mídias sobre a formação das opiniões relativas a um grupo suscetível de ser vítima do racismo é tanto maior se não houver outra fonte concreta, direta, vivida, de conhecimento do Outro, e que a população visada é percebida em um registro que não pode ser senão imaginário. Cumpre ainda precisar que não há *a priori* nenhuma razão para afirmar que essa influência segue necessariamente no sentido do racismo.

Uma Influência Heterogênea

Vários elementos, com efeito, proíbem postular uma tal univocidade, pelo menos nas sociedades em que existem o pluralismo e a diversidade das mídias.

Estas fazem sistema. Elas observam-se e concorrem umas com as outras, informam-se mutuamente; se, por vezes, são redundantes, são sobretudo complementares, e em todo caso distintas. O pluralismo das mídias é indissociável do relativo pluralismo das audiências, mas é excessivo afirmar, no sentido das análises críticas que insistem na passividade das mídias, que cada uma se contenta com os suportes que a fortalecem nessas opiniões.

Além disso, o que as mídias dão a conhecer não transita por um registro único, mas por dois, profundamente diferentes: de um lado, o da emoção, dos afetos, da paixão, do medo ou da sedução, que pode dever muito às imagens, aos sons, a um espetáculo; e de outro, o da análise, dos argumentos, da informação que se apresenta como factual. Essa dualidade, em que cada suporte age à sua maneira e mesmo cada rubrica de um mesmo cotidiano ou cada emissão de uma mesma cadeia de televisão, deixa aberto o espaço para desvios, tensões, para uma dinâmica na maneira como os dados transmitidos pelas mídias são percebidos; significa, pelo menos virtualmente, que uma certa ambivalência é possível na percepção das coisas, o que obriga aí, ainda, a resistir à idéia de uma influência uniformizante de sua parte. Assim, se o racismo se desenvolveu em um país como a França, sobre um fundo de medo e ódio ao islã, a partir de informações que, entre outras coisas, puseram acento nas dimensões terroristas do islamismo radical, outras informações puderam tornar mais complexas essa representação do islã, por exemplo, as imagens televisionadas que, até 1996, mostraram os dramas vividos pelas populações muçulmanas da Bósnia, vítimas de práticas assassinas e de uma "purificação étnica" conduzida por atores sérvios cristãos.

As mídias categorizam e qualificam, nomeando ou designando os atos e as pessoas, localizando uma informação em uma rubrica ou em uma outra, outorgando-lhe um lugar e uma importância mais ou menos grande. A maneira como procedem exerce uma influência que variará enquanto houver aí modos distintos de qualificação, mas, também, suportes e jornalistas. Seja, por exemplo, um acontecimento suscetível, mas não necessariamente, de ser apresentado em termos relacionados à idéia de raça, de lisonjear o racismo ou, ao contrário, de se afastar de toda conotação racial ou étnica: a interpelação pela polícia de um delinqüente que roubou uma mulher idosa brutalizando-a. E adicionamos que o nome do delinqüente assinala com evidência uma origem estrangeira, norte-africana. O fato de indicar ou não seu patronímico no noticiário do jornal local que relata sua prisão, a utilização de qualificativos tais como "imigrado" ou "magrebino" pesam consideravelmente nas percepções populares do incidente. Se eles aparecem, reforçam a idéia de um laço entre imigração e delinqüência e participam no reforço da hostilidade aos imigrados. Acrescentar-se-á, para mostrar a complexidade das coisas, que para contrapor-se a essa hostilidade não basta aos jornais adotarem regras deontológicas destinadas a fechar a via aos preconceitos racistas. Esses são suscetíveis de se alimentar *também* da ausência de menção (patronímico, origem etc.), visto que a imprensa pode ser acusada de querer proteger os imigrados: se ela evita evocar seu nome ou sua origem, não será, exatamente, porque eles são fatores de delinqüência?

As mídias podem lisonjear o racismo eventual de sua audiência insistindo sobre tudo aquilo que associa certos comportamentos ou certos atributos negativos a uma origem étnica ou estrangeira, mas também alimentando a suspeita de querer contrabalançar o risco desse tipo de associação. Simetricamente, elas exercem uma influência ao banalizar ou minimizar as condutas e os preconceitos racistas que são o fato do grupo dominante. Assim, é comum que apresentem um crime como um ato de legítima defesa, em uma conjuntura de carência da polícia, e então que o assassinato comporta uma dimensão racista da qual não querem tratar. Ou então, ainda, brincadeiras quase racistas ou xenófobas podem ser toleradas nas mídias, inclusive em países onde elas poderiam cair sob o golpe da lei, sobretudo na medida em que o grupo que é o alvo não está absolutamente à altura de reagir vigorosamente. Por exemplo, não se permite de forma alguma brincadeiras anti-semitas na França, enquanto a xenofobia grosseira das "histórias belgas" há muito tempo têm livre curso nas mídias audiovisuais, e ainda é possível pretender fazer rir os telespectadores de uma emissão de grande audiência zombando dos muçulmanos ou dos negros (o jornal *Le Monde*, dos dias 17 e 18 de setembro de 1995, relata uma audiência da justiça consecutiva a uma emissão de Philippe Bouvard em que o animador se permitiu zombar designando os muçulmanos de ladrões; igualmente, a TF1 foi condenada por um pastiche, apresentado em 23 de setembro de 1995, em um horário de grande audiência, no qual Patrick Sébastien imitava Jean-Marie Le Pen cantando "arrebente o negro", depois entrevistou o mesmo Le Pen que achou muito engraçada a canção pastiche).

É verdade que, amiúde, a qualificação operada pelos jornalistas adula de preferência os preconceitos racistas, e mesmo os alimenta, de modo grosseiro ou sutil, por exemplo, recorrendo a procedimentos indiretos como o que consiste em justapor duas informações, uma sobre as estatísticas da imigração, outra sobre o desemprego ou as dificuldades da Seguridade social ou, muito simplesmente, utilizando um vocabulário que desqualifica, pejado de juízos de valor, que carregam outro tanto de incitações implícitas ao racismo usual. Hartmann e Husband[4], no começo dos anos de 1970, mostram-no analisando o conteúdo da imprensa britânica, como ela apresenta os problemas sociais, da pobreza, da delinqüência como problemas raciais e étnicos. Foi, aliás, constantemente, uma tendência da imprensa, no decorrer de todo o século XIX e de boa parte do século XX, descrever os operários como provenientes de classes perigosas e, além disso, de os naturalizar a ponto de os apresentar em categorias raciais. No período atual, essa tendência está sempre em ação, com a diferença de que as novas classes perigosas não são mais os proletários, porém as populações provindas da imigração. Felice Dassetto e Albert Bastenier[5], ao analisar a maneira como a imprensa belga relatou uma manifestação organizada em Bruxelas, em abril de 1986, para protestar contra o bombardeio americano de Trípoli, mostraram muito bem como as mídias contribuem, precisamente, para a invenção das novas "classes perigosas": insistindo então sobre a

---

4. P. Hartmann; C. Husband, op. cit.
5. F. Dasseto; A. Bastenier, *Medias u Akbar.*

presença muçulmana na Bélgica, testemunhando um certo temor, sugeriram que todo muçulmano é um integrista em potencial, incapaz de se integrar, e sua lealdade ao país de acolhimento não pode apresentar-se, por conseguinte, senão incerta. Desse modo, o seu discurso inscreve-se na temática do racismo com a dominante diferencialista. Da mesma forma, um estudo de Catherine Lavergne e Paul Siblot[6], analisando o conteúdo dos artigos publicados em 1992 no *Le Midi Libre*, diário em quase-posição de monopólio no Languedoc-Roussillon, mostra que esse jornal, ao construir de maneira "quase congelada" um triângulo desemprego/imigração/insegurança, transcreve e reforça para seus leitores, em um quadro familiar, concreto, cotidiano, as categorias do ódio e da obsessão da imigração, tais como são formuladas, aliás, no discurso político do Front National.

Mas essa tendência não é de maneira alguma automática ou fatal. Os jornalistas e, mais amplamente, todos aqueles que participam da produção midiática são os atores e não apenas os agentes de um poder abstrato, ou os vetores de uma ideologia submetida ao audímetro ou às expectativas populares. São sempre suscetíveis de se interrogarem sobre sua prática, de infleti-la e de atuar de forma pedagógica junto de seus leitores ou de seus ouvintes ou telespectadores, de se dotarem de códigos de deontologia, de ouvir aqueles que lhes mostram como pode seguir em um sentido ou outro o que dizem, escrevem ou dão a ver. São educados, formados, e não têm nenhuma razão, nenhum interesse especificamente ligado ao exercício de suas profissões, de testemunhar um racismo superior à média e de se inscreverem mais do que outros do lado das ideologias e das correntes políticas que lhe são favoráveis.

---

6. C. Lavergne; P. Siblot, Les fabriques du sens commun: presse régionale et discours d'exclusion, *Hommes et Migrations*, p. 34-37.

À Montante e à Jusante

Se a influência das mídias sobre a opinião não pode ser reduzida à imagem de um processo unidimensional ou de um mecanismo único, é também porque a qualificação ou a priorização de um acontecimento, de um grupo ou de uma pessoa, na medida em que ela pode exprimir e reforçar os preconceitos racistas, se opera de um lado – mas de um lado somente –, a montante. Numerosos atores intervêm, com efeito, na produção das informações e das representações, policiais, magistrados, responsáveis políticos, vítimas de tal e tal ato etc. Foi assim que na França, no começo dos anos de 1980, o padre Christian Delorme, personalidade importante de Lyon, simpatizante do movimento dos "Beurs" da época, pôde dizer que se a midiatização dos célebres "rodéos" (corrida desabalada ao volante de um carro roubado, em geral uma BMW, que ao fim era incendiado), nas Minguettes, foi tão importante, se as mídias falaram tanto desse quarteirão do subúrbio da região lyonesa com numerosa população proveniente da imigração, foi porque aí tinha havido a conjugação de uma vontade política e de uma intervenção policial:

> Em minha opinião, esses acontecimentos não eram inocentes. Sem chegarmos a dizer que eles foram provocados, penso que, se os faróis da atualidade estavam dirigidos a tal ponto para a aglomeração lyonesa, era porque havia por trás uma intenção política vinda particularmente dos sindicatos de polícia de direita que queriam desviar o curso da política do governo em matéria de segurança[7].

Há aí tanto menos homogeneidade e unilateralidade do impacto direto das mídias em matéria de racismo quanto, em montante, as influências que se exercem não são elas próprias uniformes, e que uma grande diversidade de interesses e de pontos de vista, individuais e coletivos, políticos e privados, pesam sobre a produção midiática.

---

7. Citado por A. Battegay; A. Boubeker, op. cit.

E simetricamente, do lado dos receptores, em jusante, é preciso igualmente se afastar da idéia de uma grande homogeneidade. A recepção do que oferecem as mídias não é nem em todos idêntica, nem necessariamente passiva: ela deve muito aos intermediários, cuja importância a sociologia empírica americana da comunicação estabeleceu desde os anos de 1950, os *gatekeepers* (porteiros), cujo julgamento e orientações pessoais moldam a percepção das informações por seu ambiente social. Esses intermediários desempenham um papel de *leader* de opinião, convertendo a comunicação num fenômeno em dois níveis, um *two step flow of communication*, que não impede evidentemente, por essa razão, a lógica da influência de se exercer.

Por outro lado, a maneira como os leitores, ouvintes ou telespectadores se atribuem o conteúdo de uma emissão ou de um artigo pode variar consideravelmente de uma pessoa, de um grupo ou de uma situação à outra. Foi assim, por exemplo, que um estudo de Tamar Liebes e Eliahu Katz[8], conduzido em vários países, sobre o qual nos informa a revista *Hermès*, mostra que uma mesma série americana, o folhetim *Dallas*, é interpretado pelos telespectadores de modo radicalmente diferente quando se transmite de um contexto cultural a um outro. Ou ainda mais, ninguém fala de anti-semitismo quando, como é o caso na França com Popeck, um cômico judeu, diante de um público, senão ele próprio judeu, pelo menos aberto e bem-humorado, e mesmo nos grandes canais de televisão, parodia o personagem do judeu um pouco sovina e ávido de ganância; no entanto, o mesmo tipo de caricatura em uma reunião de extrema direita ou em sua imprensa só poderia aparecer como violentamente anti-semita.

As ciências sociais têm há muito tempo observado que um mesmo fenômeno pode ser interpretado de maneira totalmente oposto, conforme se encaminhe no sentido de um preconceito favorável, ou de um preconceito

---

8. T. Liebes; E. Katz, Six interprétations de la série "Dallas", *Hermès*, 11/12, p. 125-144.

desfavorável. Robert Merton, sociólogo americano, citado por Gary Marx em um texto dedicado precisamente ao problema do racismo e das mídias de massa[9], percebia-o muito bem:

> Lincoln trabalhava até tarde da noite? Isso prova que ele era industrioso, resoluto, perseverante e desejoso de desenvolver suas faculdades ao máximo. Os grupos à margem, de judeus ou japoneses, fazem o mesmo horário? É simplesmente uma prova de sua mentalidade de comerciantezinhos abusivos, da roedura obstinada dos padrões americanos para obter um lucrozinho, de sua concorrência desleal.

As Mídias: Vetores do Racismo?

Não significa, das observações precedentes, que as mídias não exerçam nenhuma influência na produção e na reprodução do racismo. Advogam, sobretudo, para que a análise evite as idéias demasiado sumárias que reduzem essa influência à imagem de relações com um sentido único.

As Representações Racistas da Alteridade

Acontece, inclusive nas democracias, que órgãos de imprensa ou rádios, mais raramente cadeias de televisão, apresentam-se explicitamente sob uma luz racista, ou quase, difundindo artigos e emissões cuja ideologia está mais ou menos ligada a forças políticas para as quais o racismo, a xenofobia e o anti-semitismo são elementos decisivos de um programa. As democracias estão inegavelmente aparelhadas para lutar contra tais práticas e se inquietam, também a esse respeito, de maneira desigual. Correm o risco, em particular, de ver contrapostas a si suas próprias regras de funcionamento, sobretudo quando seus textos funda-

---

9. G. T. Marx, La cage de fer de la culture. Réflexions sur le problème complexe de la race, du racisme et des mass media, em M. Wieviorka (dir.), *Racisme et modernité*, p. 60-77.

mentais proíbem todo entrave à liberdade de expressão, como é o caso dos Estados Unidos na primeira emenda à Constituição. As diferenças nas leis e as tradições jurídicas constituem na matéria um obstáculo à construção de espaços internacionais de luta contra o racismo, porquanto o que se pode tornar público em certos países não se pode fazê-lo em outros.

As representações da alteridade, tais como são propostas pelas mídias, foram por muito tempo dominadas por imagens totalmente despidas de sutileza. Desqualificando suas vítimas, elas insistiam sobre o que o grupo tratado de maneira racista e seus membros apresentavam de inferior, de sujo, de abjeto, ou de desprezível; o Outro não podia, pois, ser senão um ladrão, um violador, um criminoso nato ou, ainda, um ser ignorante, inculto, retardado. Até a Segunda Guerra Mundial, e ainda na época da descolonização, essas representações grosseiras da alteridade, correntes de um lado ao outro do Atlântico, podiam ser associadas a duas funções, uma e outra ligadas no essencial a uma lógica de inferiorização. De um lado, elas marcavam uma preocupação de controle do grupo vítima do racismo, de modo a realmente reduzi-lo ao único papel social que lhe era atribuído, o da força de trabalho quase animal, em todo caso muito inferiorizada, cujos riscos de revolta ou de cólera e de raiva exigem uma grande vigilância. De outro, elas visavam lembrar a superioridade do grupo dominante, fazendo dos membros do grupo "racizado" figuras retardadas da humanidade, que podiam corresponder a diversas variantes de alienação, das quais uma das mais conhecidas é a do *Uncle Tom* americano (A Cabana do Pai Tomás). Esse personagem tem seu lugar na sociedade quando interioriza sua inferioridade e se comporta como se espera que o faça, gentilmente, corajosamente e sem grande inteligência.

Depois dos anos de 1960, as representações da alteridade racial nas mídias ocidentais são, no conjunto, muito menos grosseiras, seu racismo é cada vez menos flagrante, cada vez mais velado. Evitam assim cair sob o golpe da legislação anti-racista, que foi singularmente reforçada na maioria das democracias ocidentais. Afastam-se também das imagens que remetem à idéia de alienação, ainda que por vezes joguem alto com isto, como em certas publicidades: o bom negro de "Y'a bon Banania"* desapareceu, mas o personagem tranqüilizador do Uncle Tom, transformado num Uncle Ben, aparentemente mais próspero, é ainda bastante presente para elogiar tal ou tal produto alimentar.

Mas não reduzamos o racismo nas mídias, mesmo o mais flagrante, a suas representações mais nítidas. O racismo, com efeito, pode passar também para o oposto, pela obliteração ou pela ausência nas mídias do grupo "racizado". Gunnar Myrdal, em sua obra clássica, *An American Dilemma*, ou Ralph Ellison, em seu livro *Invisible Man*, mostram bem que o negro americano, nos anos de 1940, é ainda o homem invisível, que não existe, no essencial, a não ser quando pode ser apresentado sob a luz do assassino ou do violador. O racismo, aqui, está na não-representação, na negação, que é uma recusa de existência social e de humanidade. Gary Marx[10] sublinhou como funcionou essa recusa até o movimento pelos direitos cívicos dos anos de 1960, ao se combinar eventualmente a lembrança da suposta inferioridade dos negros e a acusação de uma periculosidade inata: "Quando eles falavam dos negros, os jornais do Sul os nomeavam sem colocar antes de seu prenome, Sr. ou Sra., e sua foto era raramente publicada. Artigos e reportagens sustentavam a tese de sua inferioridade biológica". Sem ir tão longe, notaremos que uma pesquisa sobre os imigrantes na imprensa regional, conduzida na França em 1995 (pelo Observatório sobre as Práticas e

---

*. "Banania" era o nome de uma marca de chocolate em pó, francesa, que se popularizou na linguagem corrente com o significado de um negro "boa praça", mas o seu uso, em certos meios, como o de operários da construção, também foi utilizado com o sentido de zombaria. (N. da T.)

10. G. T. Marx, op. cit..

os Ofícios da Imprensa e pelo Centro de Formação e de Aperfeiçoamento dos Jornalistas), não apenas denuncia os amálgamas e as promessas redobradas dessa imprensa, "que manifesta a todo propósito preconceitos amplamente xenófobos", mas também assinala que os imigrantes têm raramente a palavra nos jornais locais e aí desempenham basicamente o mau papel, alimentando a rubrica das crônicas.

Mais recentemente, um terceiro modo de reconhecimento da "raça" pelas mídias, relativo sobretudo aos negros e às populações originárias da Ásia, passou pela estetização do Outro. Este existe, é reconhecido, e sua diferença física é valorizada. Porém, ela o é em termos ambíguos, insistindo sobre o que ele tem de natural, até mesmo animal. A publicidade, nesse caso, faz também um jogo que merece exame, por exemplo, quando ela adula a imagem do negro flexível e esportivo se insinuando entre os carros da grande cidade atravancada e fornecendo em definitivo a comparação com o modelo de automóvel raçudo. Do antigo escravo corajoso e alienado ou do camareiro astucioso e limitado, presentes até os anos de 1960, ao esportivo raçudo ou ao manequim exótico, o negro, mais ainda do que o asiático, empolga, como bem observou Jean-Barthélémy Debost[11], as mídias, e em especial a publicidade, traduzindo não mais tanto o racismo flagrante quanto uma racialização das relações sociais que pode rapidamente conduzir ao racismo.

O Tratamento da Diferença pelas Mídias

Mas, a partir do momento em que nos afastamos de um racismo com a dominante de inferiorização, a entrada de grupos "racizados" nas mídias sob formas que insistem na sua diferença nos reconduz às questões já evocadas na primeira parte. Será racismo das mídias apresentar um

---

11. J.-B. Debost, Publicité: des idées noires. *M. Scope Revue, CRDP de Versailles*, n. 4, p. 47-52.

indivíduo ou um grupo sob o ângulo de uma diferença, se esta não é exposta de modo depreciativo ou pejorativo? A resposta é delicada, já que ela pode estar apoiada em dois pontos de vista opostos e, ambos, dotados, não obstante, de uma real legitimidade. Salientar uma diferença que remete a atributos culturais, mas também mais ou menos explicitamente naturais, é com efeito conceder-lhe um reconhecimento que alguns pretendem torná-la efetivamente visível e legítima no espaço público; mas é igualmente, por outro lado, arriscar-se a encorajar tendências ao comunitarismo, à racialização ou à etnicização da vida coletiva, em detrimento dos valores universais dos direitos do homem.

As mídias estão, desse modo, diretamente envolvidas nos debates contemporâneos relativos ao multiculturalismo e ao lugar da diferença nas sociedades ocidentais. Quanto mais o racismo apresenta no conjunto uma dominante diferencialista, como vimos no capítulo precedente, mais ela há de se achar no coração desses debates, já que nestes se põem à mostra em larga escala as diferenças culturais, reais ou imaginárias, e tanto mais o estatuto dessas diferenças torna-se altamente conflitivo, reivindicadas que são por alguns como constitutivas de seu ser, denunciadas por outros como um estigma ou uma característica que lhes é mais ou menos imposta de fora.

Quando o racismo estava grosseira e visivelmente ligado à inferiorização de certos grupos indefesos, o papel das mídias era fácil de estabelecer, e o campo dos valores universais, políticos ou morais, fácil de reconhecer. Quando ele é mais diferencialista, as categorias que permitem analisar o comportamento das mídias vêem-se sobredeterminadas por aquelas do debate delicado em que se opõem o universalismo de uns e o relativismo dos outros, e em que é sempre difícil conciliar as duas perspectivas.

Mesmo preocupada em evitar e em combater o racismo, as mídias defrontam-se aqui com escolhas delicadas, por vezes impossíveis. Será que é preciso, por exemplo, tornar público um dossiê que estabeleça o grande êxito dos judeus nos negócios, será preciso que, de forma mais geral, publiquem-se informações, por certo justas, mas que lisonjeiam com toda evidência os estereótipos racistas mais difundidos? Como tratar o estupro de uma mulher branca por um negro em um país como os Estados Unidos, onde a luta contra o racismo e a luta contra o sexismo não são sempre fáceis de conjugar?

Contra o Racismo

As mídias não só não são necessariamente os vetores do racismo, como ainda tentam freqüentemente constituir-se em atores explícitos do anti-racismo. Essa orientação peca, às vezes, manifestando uma tendência a dramatizar em excesso episódios suscetíveis de aparecer como racistas; e quando o excesso, e até mesmo o erro, são comprovados ulteriormente, constatam-se reticências para voltar atrás e dar importância às informações que trazem um desmentido às informações anteriores. No começo dos anos de 1990, na região de Avignon, uma jovem de origem africana tornou-se certo dia o centro das atenções e beneficiou-se de um intenso tratamento midiático, em cadeia nacional, ao narrar como, entrando na casa de seus pais com o crânio raspado, fora vítima de violências racistas que terminaram com o corte de seus cabelos por um grupo agressor. Algum tempo mais tarde, ela confessou aos policiais ter inventado com todos os detalhes o episódio racista do qual havia se queixado: desejara cortar ela mesma os cabelos, não conseguira, e, não tendo encontrado outra saída a não ser raspar inteiramente o crânio, inventou essa história para camuflar sua falta de jeito.

Esse caso, dos quais temos variantes comparáveis na mesma época na Alemanha (jovens que pretendiam ter sido agredidas e tatuadas por grupos neonazistas), indica primeiramente que a imprensa pode estar muito preocupada em dar ressonância ao que parece um ato de racismo.

Os jornais o registraram fartamente no momento em que ela permitia fortalecer um clima geral no qual o surto do racismo se tornara um tema importante dos debates nacionais; mas foram bastante discretos quando se tratou de esclarecer a mentira da jovem. Isso leva a pensar que as mídias, no seu conjunto, quase nunca voltam atrás para retificar seus erros, mas também que, quando aceitam participar da recusa do racismo e de sua denúncia, não podem dar grande importância a uma informação que desmente a imagem, invertendo-a, de uma escalada do fenômeno.

O papel de um órgão de imprensa ou de uma cadeia de televisão na ação anti-racista pode corresponder a um projeto explícito de sua direção, até mesmo de uma intenção militante, e existem numerosas publicações animadas por militantes que se propõem, como objetivo principal, combater o racismo em geral, ou quando visa tal ou qual grupo em particular. Nos países anglo-saxões, mais explicitamente que na França, a recusa do racismo dá freqüentemente lugar a artigos específicos na carta ou no código de deontologia de uma empresa jornalística; além disso, isso estimula debates que podem ser muito vívidos. Nos Estados Unidos pergunta-se comumente se convém e, até que ponto, incluir sistematicamente membros de minorias mais ou menos suscetíveis de serem vítimas do racismo no seio das redações, o que pode decorrer de uma política de *affirmative action* (discriminação positiva)[12], mas também da preocupação instrumental da direção a fim de dispor, para informações relativas às minorias envolvidas, contatos supostamente mais fáceis ou mais diretos e também mais bem informados.

As dificuldades com as quais se chocam as mídias por se oporem, em tal circunstância, ao racismo não se devem apenas às inabilidades, aos erros ou à insuficiente clarividência daqueles que aí trabalham; as mais decisivas se devem às resistências de sua audiência. Uma ação vo-

---

12. Ver capítulo 7.

luntarista de sua parte, se ela é muito defasada em relação às idéias preconcebidas de seu público, corre o risco, com efeito, de ser inoperante e, além disso, de se chocar com sua grande capacidade em frustrar as boas intenções e as inverter em proveito de seus próprios estereótipos. A percepção é de fato seletiva e orientada, e o público efetua uma triagem em favor daquilo que é suscetível de reforçar seus preconceitos. Se, por exemplo, em um folhetim para a televisão, o racismo é encarnado por um personagem vulgar e grosseiro, este personagem poderá beneficiar-se de uma identificação positiva da audiência racista e não com a esperada rejeição.

Isso nos conduz a ampliar a análise, situando-nos mais ainda no ponto de vista não apenas das mídias e de sua influência, porém, de sua relação e de suas interações com o público. Em muitos aspectos, o que vale para o papel das mídias na produção e na reprodução do racismo vale para seu papel no anti-racismo: seus graus de liberdade são definidos pelo estado da sociedade na qual elas intervêm, pelo jogo dos outros agentes à montante e à jusante. Quando o racismo progride em uma sociedade, as mídias seguem em geral nesse sentido, como sugere as análises de Simone Bonnafous[13], que mostram como a imprensa francesa em seu conjunto foi penetrada, no decorrer dos anos de 1980, pelas categorias racizantes e xenófobas do Front National, que por sua vez também estava em considerável expansão durante esse período. E quando o racismo recua, as mídias contribuem para sua regressão (a menos que elas não sigam simplesmente de perto os seus passos), o que claramente aconteceu nos Estados Unidos no clima do movimento pelos direitos cívicos dos anos de 1960 e no rasto de um importante relatório oficial da Report of the National Advisory Commission on Civil Desorders (Comissão Nacional Consultiva em Desordens Civis) de 1968, tratando do racismo nas instituições americanas: os principais grupos de imprensa modificaram então de forma bem

---

13. S. Bonnafous, *L'Immigration prise aux mots*.

sensível sua prática, esforçando-se para integrar os negros em seu quadro de pessoal, e para se informar melhor e de maneira diversa junto das minorias.

Não é, pois, justo exonerar as mídias de toda responsabilidade na evolução do racismo, como se elas não fizessem senão repercuti-lo ou veiculá-lo; nem, ainda mais, imputar-lhe uma responsabilidade demasiado grande, como se elas funcionassem com toda a independência, fora das relações sociais.

7. AS DIFICULDADES DO ANTI-RACISMO

Em outros tempos, não era difícil distinguir dois campos opostos em matéria de racismo, ainda que no interior de cada campo pudessem existir posições diversificadas. Nos Estados Unidos do começo do século xx, as diferenças são consideráveis entre as orientações de William E. Du Bois, mais tentado por orientações de auto-segregação dos negros, e as de Booker T. Washington, mais preocupado com a participação e a pressão reformadora, ambos figuras incontestáveis da luta pela causa dos negros. Do mesmo modo na França, por ocasião do caso Dreyfus, o campo dos dreyfusardos jamais fora homogêneo. Mas uma linha separava claramente os racistas ou os anti-semitas daqueles que pretendiam combatê-los.

Debates e Controvérsias

Não mais acontece o mesmo desde os anos de 1960 nos Estados Unidos e nos países anglo-saxões, e depois, um pouco mais tarde, em toda a Europa ocidental. Se não é difícil caracterizar o racismo patente, flagrante, é preciso também reconhecer que o epíteto de racista vale sem ambigüidade apenas para uma parte das condutas, dos discursos ou das pessoas a quem ele é aplicado. Para as outras, ele exige exame, debate, dúvida.

De um lado, ele serve de modo bem amplo no uso popular para denunciar os preconceitos ou as discriminações dos quais são mais ou menos vítimas todos os tipos de grupos sociais ou geracionais, e ouve-se vulgarmente falar de racismo antioperários, antijovens, antivelhos. Ele contribuiu para forjar um neologismo muito próximo, o do "sexismo". E aqueles aos quais se pode correntemente acusar ou suspeitar de racismo se puseram a devolver a suspeita ou a acusação, como mostra a experiência francesa em que certos policiais, freqüentemente eles mesmos racistas, falam de "racismo antitiras", e em que a extrema direita nacionalista e racista denuncia o "racismo antifrancês" da esquerda ou dos movimentos anti-racistas, e até utiliza a legislação anti-racista para reclamar justiça ante esse "racismo". O qualificativo de "racista" parece ser utilizado como uma desqualificação em um espectro tão amplo, que surgiu nas controvérsias em que aquele que acreditava agir pela boa causa passou a ser suspeito dos piores preconceitos e em que a ação anti-racista é acusada de alimentar o mal que pretende combater.

Os Debates Americanos

Nos Estados Unidos, vivas controvérsias ocorreram a propósito da *affirmative action* (discriminação positiva), cujo princípio consiste em pôr em ação políticas de correção de desigualdades, assegurando um tratamento desigual, e particularmente favorável, aos membros de minorias, histórica e socialmente desfavorecidas por causa de sua "raça", de seu sexo ou de sua origem nacional, a começar pelos negros, para os quais essas políticas foram inauguradas no fim dos anos de 1960: eqüidade, dizem uns; racismo ao avesso, dizem outros. Do mesmo modo, os críticos do *politically correct* (do que é "correto politicamente", isto é, do ponto de vista dos negros, das mulheres, dos homossexuais etc., como minorias oprimidas) reprovam valorizar excessivamente as culturas minoritárias, sua história, sua língua, seus costumes, sua literatura, antecipar exigências abusivas quanto ao respeito dessas culturas e, assim fazendo, pôr em causa a nação americana e os valores universais da razão ou do direito.

Esses debates não são sistematicamente apresentados sob o signo direto nas questões do racismo e do anti-racismo, mas remetem a elas constantemente. Se o racismo encerra certos negros nos guetos miseráveis, os reduz à exclusão social, pior talvez ainda que a exploração no trabalho, ou lhes proíbe a mobilidade ascendente, central no *credo* americano, não será preciso ter políticas específicas, inspiradas em princípios da *affirmative action*? Se os desprezou por tão longo tempo, negados em sua subjetividade, não cumpre reverter à desqualificação, impor o respeito das origens culturais daqueles que, por outro lado, serão cada vez mais chamados de afro-americanos, e não mais de negros? Mas o tratamento preferencial que lhes é concedido com a *affirmative action*, por exemplo, para chegar à universidade, em que os lugares estão praticamente reservados aos estudantes com base em critérios raciais e em que a contratação de professores pode depender também de tais critérios, não é um desafio aos valores universais, não cria uma aritmética racial que rebaixa o nível ou as exigências profissionais em proveito de candidatos mais medíocres, e que pertencem a esta ou aquela minoria? A valorização das culturas minoritárias não desemboca na desvalorização da cultura americana, e mais além, para retomar uma expressão de Alain Finkielkraut, que propôs a questão no tocante à França, a uma "derrota do pensamento"? A densidade dos argumentos e dos debates nos indica bem até que ponto, nos Estados Unidos como nas outras sociedades ocidentais, o racismo e a luta anti-racista desenham doravante uma paisagem complexa.

A Crítica Francesa do Anti-racismo

Na França, as primeiras críticas do anti-racismo[1] insistiam na defasagem existente entre a natureza do racismo dos anos de 1980, em que a dominante é diferencialista, e o discurso e a prática das principais organizações anti-racistas, arcaicas, visto que informadas pelas concepções universalistas da época colonial. No mesmo momento, a mobilização anti-racista foi renovada, com a emergência de um ator decisivo, sos Racismo, movimento que, na época, pôde ser tentado por uma temática da diferença cultural, até mesmo racial. De forma mais ampla, o anti-racismo esteve intensamente presente nas mídias, inclusive pela intervenção desse movimento, que soube em particular mobilizar a juventude, organizando grandes concertos de música e propondo o *slogan*, de sucesso retumbante, "Touche pas à mon pote" (Não toque em meu camarada) (ostentada sobre um broche com a forma de uma mão de cor amarela).

Pierre-André Taguieff[2] sublinhou as contradições desse movimento (entre o apelo ao direito da diferença e o elogio da mestiçagem, entre a grande tolerância ao pluriculturalismo e a concepção republicana, assimilacionista etc.). Ele também constatou que a mobilização anti-racista não havia bloqueado a progressão do Front National, e criticou os profissionais da boa consciência e certos intelectuais de esquerda que não teriam compreendido que, ao estigmatizar os "racistas", eles manifestavam de fato uma arrogância e uma incompreensão com relação àqueles, cujas condições de existência difíceis, o medo, o sentimento de abandono podiam empurrá-los para a extrema direita.

---

1. P.-A. Taguieff, *La force du préjugé*.
2. Idem, L'antiracisme en crise. Éléments d'une critique réformiste, em M. Wieviorka (dir.), *Racisme et modernité*.

A partir dessa crítica, os anos de 1990 viram desdobrar-se pontos de vista radicalizados, como o de Paul Yonnet, que, em uma obra patrocinada pela revista *Le Débat*[3], explica que o anti-racismo do fim dos anos 80 constitui uma ideologia que veio em socorro das ideologias enfraquecidas, socialista, comunista ou marxista. Seria um instrumento manipulado por um poder de esquerda sem projeto, que faria a cama do racismo, criando ou reforçando os processos de racialização da sociedade, estigmatizando sob a acusação de racismo pessoas que não o merecem, impondo a outras uma definição racial de sua identidade que lhes torna difícil a participação na vida da cidade. As posições de Yonnet têm suscitado, por sua vez, reações muito vívidas, por exemplo, na imprensa diária (*Libération*) ou hebdomadária (*Le Nouvel Observateur*), a ponto de lhe censurar um "lepenismo" velado.

Quer se trate de controvérsias sobre o multiculturalismo, a *affirmative action*, ou o *politically correct*, da crítica mais especificamente francesa do anti-racismo, quer se trate dos debates de filosofia política em que a questão é universalismo e particularismo, valores republicanos e comunitarismo, o racismo parece que deve ser combatido em um universo em que as referências estão embaralhadas, em que as certezas dão lugar à dúvida ou à polêmica, ao mesmo tempo que o fenômeno – como vimos em especial no capítulo 5 – ganha terreno. Pergunta-se, portanto, se é tão difícil conduzir uma ação anti-racista, e se ela estará condenada ao fracasso, ou, pior ainda, a efeitos contraproducentes de co-produção daquilo que ela combate?

Os Níveis da Ação Anti-racista

Como o racismo, a luta anti-racista pode funcionar em dois níveis principais, ser ativada fora do sistema político e do Estado, ou no seio deles. E ainda aí, a linha de demarcação não fica sempre claramente estabelecida, existe uma

---

3. P. Yonnet, *Voyage au coeur du malaise français*.

zona intermediária em que as condutas, enquanto provenientes claramente de atores sociais ou culturais, tendem a instalar-se em nível político, ou são influenciadas pelo jogo do Estado ou de forças políticas.

A Ação Militante de Base

A ação militante anti-racista de base não tem o mesmo alcance, conforme seja animada por aqueles que ela visa ou atinja diretamente o racismo, para os atores que se erguem contra ela sem que sejam pessoalmente visados, em nome dos direitos do homem, da democracia, dos valores humanistas, ou então ainda que associe essas duas figuras da ação. As grandes organizações anti-racistas na França, a Liga dos Direitos do Homem (LDH), a Liga Internacional Contra o Racismo e o Anti-semitismo (Licra), o Movimento Contra o Racismo e pela Amizade entre os Povos (MRAP), o SOS Racismo, dependem no essencial dessas duas categorias.

Nas sociedades contemporâneas, a grande novidade é dada pela mobilização crescente de grupos que, em nome de sua identidade própria, recusam ativamente o racismo que os afeta, encontrando os recursos morais e culturais para não serem reduzidos à passividade ou à heteronomia, isto é, à subordinação a outros atores que não eles próprios. Na França, por exemplo, a população judaica, por muito tempo [mantendo-se] conforme ao ideal republicano emanado das Luzes e da Revolução, começou a se afirmar visivelmente no espaço público a partir dos anos de 1960, cessando, por conseguinte, de viver sua especificidade apenas em forma privativa. As manifestações consecutivas ao atentado contra a sinagoga da rua Copernic em Paris, em outubro de 1980, ou a profanação do cemitério judaico de Carpentras, em maio de 1990, associavam os judeus da França a numerosos democratas, preocupados em marcar sua recusa ao anti-semitismo: não teriam tido o caráter espetacular, maciço, de que se revestiram, se os judeus não tivessem optado por um modo de ação, descartando-se do preceito enunciado por Clermont-Tonerre na Assembléia Nacional em 1789: "É preciso tudo recusar aos judeus como nação, e tudo conceder aos judeus como indivíduos".

Quando a ação anti-racista é conduzida por atores diretamente afetados por ela, sua força é capaz de arrastar uma poderosa mobilização, a ponto de eventualmente obter resultados substanciais. Em seu prefácio a uma obra consagrada às estratégias para a melhoria das "relações de raça", Bhikku Parekh[4], universitário britânico a quem coubera importantes responsabilidades institucionais na ação anti-racista, constata, ao lado de numerosos outros especialistas, que tanto na Grã-Bretanha quanto nos Estados Unidos "nenhuma reforma foi verdadeiramente assegurada sem uma pressão negra poderosa e constante", e que "nenhuma reforma pode ser assegurada se as organizações negras e seus líderes não forem capazes de a consolidar, de a defender e de se apoiar nela".

Quando ela é levada por outros atores, a força da ação anti-racista é a de inscrever-se no espaço público pleiteando de maneira universal, em nome de princípios e de valores gerais, o que lhe permite tentar apoiar-se em partidos políticos, em sindicatos, em associações que podem muito bem não ter nada a ver com o grupo vítima que se pretende proteger.

Essa dualidade, esse par de ações identitárias/ação sem especificidade, se encontra também quando a ação é defensiva, resposta a um acontecimento particularmente intolerável, por exemplo, quando ela é contra-ofensiva, ou exige direitos cívicos. Cria constantemente tensões no seio das comunidades ou dos grupos suscetíveis de serem vítimas do racismo. De um lado, com efeito, para construir uma ação, cumpre-lhes assumir, pelo menos até certo ponto, as categorias que os designam com o ódio ou com o precon-

---

4. B. Parekh, Preface, em J. W. Shaw et al. (eds.), *Strategies for Improving Race Relations*.

ceito racista, e manifestar, por exemplo, como judeus ou negros e não apenas como cidadãos ou seres humanos. De outro lado, para se inscrever no espaço público e reclamar igualdade ou respeito em relação aos direitos do homem, é preciso apresentar-se em categorias que transcendam suas propriedades específicas, apelar para valores universais.

Certos movimentos são capazes de articular essa dupla exigência, como foi o caso nos Estados Unidos com a participação de numerosos negros no movimento pelos direitos civis nos anos de 1960, ou em escala reduzida, na França, em 1983, com o dos Beurs, na marcha pela igualdade contra o racismo, iniciada em Marselha em outubro e concluída em Paris em 3 de dezembro, para protestar de maneira não-violenta contra a onda xenófoba e racista que acabava de submergir o país[5]. Outros, ou os mesmos, em outras conjunturas históricas quase nada conseguem, e tendem a explodir. Uns se orientam então para o recuo comunitário, com a auto-racialização que isso implica, eles se radicalizam e tendem eventualmente para condutas de ruptura; os outros se opõem a essa tendência e se afastam de toda definição identitária ou comunitária.

Não é fácil conjugar a igualdade e a diferença, o chamado a um tratamento igual conforme os princípios mais universais, e a referência a uma identidade coletiva particular; mas quando esse esforço não é mais empreendido, ou quando ele malogra, a ação anti-racista se enfraquece e se rompe em frações não apenas distintas, mas, muitas vezes, adversárias. Esse esforço é tanto mais delicado quanto a ação anti-racista não pode funcionar como o racismo, o qual, como já assinalamos, não fica embaraçado com suas eventuais contradições. O racismo tira sua força dos processos de amálgama do sentido que ele opera; a própria ação anti-racista torna-se ineficiente e até contraproducente se for incoerente, incapaz de fazer frente a suas contradições pela simples reflexão a seu respeito em que consiga debatê-las em seu seio, de maneira a gerar as ten-

---

5. Cf. A. Jazouli, *Les Années banlieus.*

sões que elas suscitam apelando para mudanças em seus argumentos.

Essas dificuldades concernem aos atores vítimas do racismo quando eles se constituem de modo mais ou menos étnico para se afirmarem em sua identidade, tando quanto àqueles cuja definição inicial não é especificamente identitária. Assim, o sos Racismo, no momento da guerra do Golfo, em 1991, viveu tensões que culminaram com a saída de militantes, a maioria judeus, que exigiam que a organização não mostrasse nenhuma hostilidade em relação ao governo e a seu engajamento ao lado dos Estados Unidos, ao passo que outros militantes, de origem geralmente magrebina, pleiteavam por uma posição mais reservada e até por uma crítica explícita à política da França.

A fraqueza das mobilizações, que reclamam uma identidade específica mais ou menos racizada, é o risco que correm de encerrar sempre o ator nessa identidade, e de o impelir ao integrismo, ao fundamentalismo ou ao sectarismo e, portanto, a um recolhimento em si mesmo, o mais longe possível de um esforço para participar da vida democrática da cidade; a fraqueza daqueles que procedem de movimentos generalistas, sem especificidade identitária, é de a repousar sobre princípios e valores bem mais do que sobre uma base qualquer.

As Políticas Anti-racistas

Todos os países democráticos dispõem de um arsenal que permite um tratamento legislativo, regulamentar e judiciário do racismo, todos dispõem de recursos repressivos que permitem combater o fenômeno, ao menos em suas expressões mais flagrantes. Além disso, a ação dos poderes públicos passa por eventualidades políticas, no sentido da palavra inglesa *policies*, quer dizer, por esforços não apenas para proibir ou sancionar condutas precisas, mas também para tomar o problema a peito e reduzir o impacto e a progressão, ou então para atuar em suas fontes, ou para corrigir seus efeitos de modo voluntarista.

Essas políticas levam em consideração o estado da opinião e da pressão das mídias, da intervenção das minorias afetadas e das organizações anti-racistas, e com bastante evidência os desenvolvimentos e as transformações do próprio racismo. Diferem consideravelmente de um país a outro, por razões múltiplas, algumas das quais estão ligadas à cultura política nacional. Pode-se também constatar que a França, mais que os outros países, encarna uma concepção republicana do espaço público, em oposição, por exemplo, aos Estados Unidos, nitidamente mais abertos a uma concepção diferencialista. O modelo francês de integração é hostil ao reconhecimento, no espaço público, de diferenças culturais, étnicas ou raciais, pretendendo considerar cidadãos, indivíduos, e não grupos ou comunidades, e estabelecer condições de igualdade de direitos e deveres individuais. Por essa razão, na França, os políticos mais ativamente anti-racistas não falam jamais de "relações de raça" e se esforçam, de um lado, em desqualificar o racismo e proibir sua expressão, em especial na escola, por meio de uma sensibilização das crianças e dos educadores e, de outro, em enfraquecer suas fontes sociais. Nessa última perspectiva, a ação pública assume uma forma de esforço para dissimular as desigualdades e a exclusão, sem fazer intervir, ao menos explicitamente, outros critérios que não os econômicos e sociais. Por isso, as políticas da cidade, aplicadas no essencial aos quarteirões e aos subúrbios em que a imigração, fortemente representada, sofre preconceitos, discriminação e segregação, se preocupam sobretudo, desde o início dos anos de 1980, com a insegurança, a pobreza, o desenvolvimento social, o fracasso escolar – o que não impede que elas possam ser animadas também pela preocupação de ver recuar o racismo.

Resistindo à idéia de considerar as diferenças étnicas, religiosas e, *a fortiori*, raciais, essas políticas não são talvez perfeitamente adaptadas a uma sociedade em que as diferenças culturais exigem cada vez mais reconhecimento no espaço público, uma sociedade submetida ao surto de um racismo de dominante diferencialista, e em que o próprio termo raça conquistou um terreno considerável no discurso comum, na imprensa e, muito mais além do Front National, na vida política. Podem mesmo tornar-se contraproducentes, como constatamos repetidas vezes em nossos trabalhos, que resultaram no livro *La France Raciste:* o anti-racismo tal como é apresentado aos alunos dos colégios e liceus franceses, por exemplo, consiste, entre outras coisas, em explicar que não há diferenças raciais, que falar de "raças" é totalmente desmentido pela ciência, enquanto, para muitos desses alunos, a realidade vivida e o espetáculo que lhes apresentam as mídias são os de uma sociedade que se etniciza, racializa, e em que o vocabulário da raça se impõe cada dia mais.

Em outros países, e não somente nos Estados Unidos, as políticas anti-racistas são influenciadas por uma cultura política muito mais aberta às diferenças culturais, étnicas ou raciais, que elas convertem em outras tantas categorias a partir das quais discutem entre si e se ordenam. Os princípios que animam a *affirmative action*, mas também as fórmulas de *equal opportunity policies* (políticas de igualdade das oportunidades), próximas em seu espírito, traduzem-se em programas e dispositivos concretos. Obrigam, por exemplo, os empregadores a planejar medidas de contratação, de formação e de promoção em favor das minorias racizadas, e a respeitar seus planos; exigem que as mídias e a publicidade empreguem uma porcentagem dada de negros, de asiáticos etc.; autorizam, até certo ponto, as universidades a levar em conta a raça para sua política de admissão dos estudantes, ou contratação de docentes; ou ainda mais, terminam por conceder aos mercados públicos prioridade a empresas controladas por pessoas pertencentes a minorias étnicas. O problema, aqui, que não pode senão ferir a consciência moral ou política de um francês, é que tais medidas exigem métodos de categorização e de contabilidade que permitam dizer a quem elas se aplicam – Denis Lacorne assinala em seu livro, *La*

Crise de l'identité américaine (A Crise da Identidade Americana), que o Congressional Research Service recenseou, em 1995, 160 categorias federais com tratamento preferencial, negro-americanos, hispano-americanos, autóctones (ameríndios, esquimós, aleutas ou havaianos de cepa) etc., o que significa que para se beneficiar de medidas anti-racistas cumpre estar definido em categorias étnicas ou de raça.

Tais políticas podem ter suas versões de esquerda e de direita e, como já vimos, têm seus detratores tanto na esquerda como na direita. Para seus defensores, elas constituem a única resposta que tentou efetivamente corrigir as desigualdades e as injustiças ligadas ao racismo: assegurando a promoção de certos membros dos grupos afetados, garantem a promoção do grupo em seu todo, e, mesmo no conjunto, de todos os grupos étnicos; têm, em particular, contribuído para o reforço das camadas médias negras. Para seus adversários, elas alargam o fosso entre as elites e os outros membros das minorias, que se afundam ainda mais nos dramas da exclusão, como os negros miseráveis dos grandes guetos das metrópoles americanas, analisados por William J. Wilson[6]; para esses negros, abandonados pelas elites eventualmente saídas de seu seio, a situação tornou-se social e economicamente dramática. Ademais, essas políticas deixam planar uma dúvida sobre o alcance do êxito universitário, profissional ou outro, daqueles que se beneficiam delas: qual parte deve se atribuir aos méritos próprios e qualidades pessoais, qual parte deve se atribuir a essas políticas? Acrescentemos, enfim, que elas contradiriam o *credo* americano, concedendo direitos particulares a certas categorias de cidadãos; por conseguinte, alimentam entre esses brancos o ressentimento e o racismo de pessoas socialmente privadas ou em queda, que ficam convencidas de estar desamparadas pelo Estado em proveito de minorias que desprezam e odeiam cada vez mais.

---

6. W. J. Wilson, *The Truly Disadvantaged*.

As políticas de anti-racismo são sempre suscetíveis de dilacerar-se entre orientações universalistas e orientações diferencialistas, e ainda precisam constantemente levar em conta as significações ao mesmo tempo sociais e culturais que o racismo em geral combina. Sua aposta fundamental, como para a ação militante de base, está na sua capacidade de conciliar o inconciliável, de gerir a dualidade de orientações contraditórias. Sua intervenção torna-se perversa quando é exclusivamente universalista, negadora dos particularismos culturais e étnicos, e quando ela se efetua em um contexto em que as promessas gerais da República são cada vez menos mantidas: quando a escola pública que fabrica cada vez mais fracasso escolar, quando as desigualdades sociais em face do emprego, e também em relação à moradia, são crescentes, e quando as vítimas dessas evoluções são, antes de tudo, provindas da imigração, o discurso da igualdade e da fraternidade republicanas é, no melhor dos casos, encantatório, e, de forma ideológica mais verossímel, está a serviço das elites e dos grupos dominantes. Mas o anti-racismo que ratifica um multiculturalismo radical pode se revelar igualmente perverso, ao encorajar as tendências ao comunitarismo e ao lobismo (*lobbyng*) político de notáveis mais ou menos dissociados do grupo minoritário, que supostamente representam, alimentando rancores de grupos que se julgam não tão bem tratados e, mais amplamente, indo no sentido de uma fragmentação crescente, social, cultural e racial, da sociedade considerada.

Um anti-racismo conseqüente, democrático, que se erga da base ou do topo da sociedade civil ou dos poderes públicos, não pode se desdobrar senão na tensão, necessária e difícil, entre as referências identitárias dos grupos racizados e seus valores universais de direito e de razão. O problema não é tanto de buscar um meio justo quanto o de se esforçar em conciliar o que amiúde é vivido como oposto e inconciliável.

Das Políticas Específicas?

A Dinâmica Própria do Racismo

O racismo de acento universalista, na medida em que inferioriza e marginaliza socialmente os grupos que pretende atingir, exige políticas de correção social das desigualdades, de luta contra a exclusão, o desemprego e a pobreza. O racismo de acento diferencialista, na medida em que se liga a grupos ante os quais não têm, *a priori*, nenhuma razão para obrigá-los a abandonar suas especificidades culturais, étnicas, religiosas ou raciais, exige políticas de reconhecimento, segundo a expressão do filósofo canadense Charles Taylor[7], isto é, políticas que concedem uma presunção de legitimidade às demandas provenientes de populações que defendem um particularismo cultural. Mas se o racismo se estende ou reflui mediante condições sociais e culturais, se ele aí encontra uma parte de sua inspiração, nem por isso ele se reduz a elas. Tanto o projeto de o fazer recuar por medidas sociais quanto o de tratá-lo sistematicamente por meio de políticas de reconhecimento cultural são insuficientes para atingi-lo em suas dimensões ideológicas, lá onde ele é atravessado por correntes de idéias, de representações de discursos políticos, os quais podem dever muito ao funcionamento geral da sociedade considerada, mas que têm também sua autonomia relativa. Ademais o racismo, como muitos outros fenômenos sociais, tem sua dinâmica própria: mesmo se as condições que favorecem seu surto desaparecem, crise econômica, ameaça da identidade nacional, por exemplo, não será menos inclinado a continuar seu curso uma vez desenvolvido. Não é por reencontrar o pleno emprego e cessar de temer por sua identidade nacional, por exemplo, que o racismo que se desenvolveu na França após os anos de 1980 refluirá automaticamente.

---

7. C. Taylor, *Multiculturalisme: différence et démocratie*.

Por esse motivo, as políticas anti-racistas não podem limitar-se às medidas sociais, institucionais e culturais, devem também se ligar ao fenômeno em si, apresentando uma definição clara e combatendo-o como tal, em particular por medidas repressivas. O direito desempenha aqui um papel decisivo. Assim, na França, um importante dispositivo legislativo permite lutar diretamente contra o racismo. Refere-se à Convenção das Nações Unidas, de 7 de março de 1966, e tem por base, entre outros textos, uma lei de 1º de julho de 1972. O direito francês fixa uma lista de procedimentos discriminatórios que podem ser objeto de processos. Uma lei de 13 de julho de 1990 completa as medidas de 1972 e 1992, criando em particular um "delito de revisionismo" (esse delito consiste em negar o genocídio dos judeus pelos nazistas). Além disso, a difamação e a injúria são reprimidas, se não por outra coisa, ao menos pela lei da imprensa de 1881, e a jurisdição administrativa pode constituir também um instrumento de repressão do racismo[8].

Racismo e Imigração

Em muitos países, inclusive a França dos anos de 1980 e 1990, o tema do racismo está fortemente misturado ao da imigração, e os imigrantes são os primeiros alvos dos racistas. Por isso, a idéia de um vínculo entre sua importância numérica e a intensidade do racismo é contestável, e numerosos trabalhos de ciência política e de sociologia eleitoral estabeleceram que não há correlação automática entre os dois. Assim, pode-se observar uma taxa elevada de votos para o partido racista e xenófobo que é o Front National em locais onde a presença da imigração é fraca, até mesmo quase nula, por exemplo, em certas regiões rurais alsacianas e, simetricamente, uma taxa relativamente

---

8. Cf. J. Costa-Lascoux, Des lois contre le racisme, em P.-A. Taguiefe (ed.), *Face au Racisme*; J. Costa-Lascoux; A. Costes, Penser autrement l'immigration, *Études*, n. 4, p. 315-316.

modesta lá onde ela é significativa, por exemplo, em certos distritos administrativos parisienses.

É intelectualmente abusivo confundir ou aproximar demais racismo e imigração. O primeiro é um fenômeno doravante interno, concernente ao funcionamento da sociedade, às relações em seu seio entre diversos grupos humanos; as políticas que o combatem se inscrevem em um espaço em que elas se tocam com outras políticas: sociais, de emprego, da cidade, da educação etc. A segunda é um fenômeno que remete às relações internacionais, aos fluxos migratórios que provêm do estrangeiro, ela é o resultado de relações que se efetuam entre o exterior e o interior da sociedade; as políticas que tratam disso defendem essencialmente a diplomacia e a harmonização dos interesses nacionais, econômicos, culturais ou outros, com a oferta de emigração que existe no estrangeiro.

Não apenas os problemas são de natureza distinta, embora se sobreponham em vários aspectos, mas, além disso, dizem respeito a grupos que não justificam, a não ser muito parcialmente, o amálgama que autoriza o termo *imigrados* – "conjunto de pessoas que não nasceram na França", diz Michèle Tribalat[9], e que ela distingue dos estrangeiros, "pessoas que não são de nacionalidade francesa". Isso é particularmente claro na França, em que as categorias oficiais e administrativas não reconhecem e, portanto, não distinguem, em teoria, senão cidadãos, livres iguais em direito, e estrangeiros. O imigrado, como categoria, depende da sociologia espontânea e do discurso do senso comum; ele é muitas vezes de fato bem francês e, se não o é, é provável que seus filhos o sejam ou venham a ser. Por conseguinte, falar de imigrados é manter em uma espécie de meio-termo pessoas, muitas das quais estão, na realidade, totalmente implantadas na sociedade de acolhimento. A partir disso, o discurso do Front National que advoga a "preferência nacional", e que deveria só

---

9. M. Tribalat, *Faire France*, p. 11.

dizer respeito aos estrangeiros, torna-se tanto mais racista quanto mais, visando os "imigrados", ataca implicitamente a nacionais, o que pode levar a pensar que ele sugere expulsar ou discriminar cidadãos franceses por causa de suas origens.

Estando associado ao tema da imigração, como foi o caso também de numerosos países do Novo Mundo e, por exemplo, dos Estados Unidos no começo do século xx, o racismo lança um desafio político àqueles a quem o seu progresso inquieta. Duas respostas correntes parecem, no caso, canhestras: consistem em adaptar-se a essa temática ou então em derrubá-la, e em recusar todo entrave à imigração, o que pode se revelar demagógico e praticamente irrealista, ou então em alinhar-se, se não conforme as posições da extrema direita, ao menos conforme suas categorias, e a aceitar assim o amálgama do racismo e da imigração – o que é sociologicamente falso, moralmente contestável e politicamente ineficaz, como se constata muito bem na França, quer da direita quer da esquerda clássicas, cada vez que elas julgaram possível, nos anos de 1990, conseguir a adesão dos eleitores do Front National colando-se ao seu discurso.

De fato, o anti-racismo mais eficaz, aqui, é aquele que defende o ponto de vista de que no nível político os dois dossiês sejam separados, ainda que se superponham em vários aspectos. É por isso que no Reino Unido existe, após os anos de 1960, um certo consenso político sobre o controle dos fluxos migratórios entre os dois grandes partidos, conservador e trabalhista, o que explica, pelo menos em parte, que o racismo aí não se tenha quase elevado no nível político, e que o National Front jamais tenha alcançado os resultados eleitorais de seu homólogo francês. Na França, ainda que a realidade não seja tão nítida, a esquerda, no decorrer dos dois septenatos de François Mitterrand, foi tida como favorável à imigração, ao contrário da direita, e essa percepção é certamente um dos elementos que explicam os sucessos do Front National.

O racismo é amiúde mais virulento no Reino Unido do que na França, porém lá está menos presente na cena política, sua institucionalização lá progride menos. A ausência de oposição política maior no terreno da imigração *stricto sensu* constitui, no caso, um fator favorável a um anti-racismo que pode se concentrar em seu objeto, em vez de se engajar em debates e em tomadas de posição que confundem a perspectiva e complicam a ação.

A ação anti-racista confronta-se, pois, com dificuldades estruturais e com problemas teóricos de fundo. Ela não pode satisfazer-se nem com a boa consciência que os discursos moralizadores ou os bons sentimentos trazem, nem com a idéia de que o racismo, absurdo em seus pressupostos doutrinais, recue com a educação e o avanço da razão. Ela é espreitada em todos os tipos de desvios e de excessos, manipulação política, ineficácia e impotência. Mas acontece com ela o mesmo que em toda ação, e aqueles que se comprazem em sublinhar somente os efeitos perversos, ou somente derrotas, são puristas cujas críticas, por fundamentadas que possam ser, recobrem em geral uma recusa ou uma incapacidade de se engajar. A crítica do anti-racismo é útil se for conduzida com a preocupação de aumentar a capacidade de ação daqueles que são parte atuante dos combates, intelectuais e práticos, contra o racismo, e não se encerrar-se no ceticismo radical ou no niilismo.

CONCLUSÃO

O racismo quase não pode mais se valer da ciência, embora suas versões "científicas", com pretensão biológica, conservassem certo vigor, em especial nos Estados Unidos. Ele procura sua legitimidade sobretudo pelo lado da cultura. Assim procedendo, torna-se tanto mais inquietante quanto se fosse inscrito no âmago de tendências pesadas, que são as da fragmentação cultural e social de nossas sociedades.

Quanto mais as identidades culturais particulares se desenvolvem, étnicas, religiosas, de "gênero" etc., tanto mais a idéia de nação se retrai para participar de um populismo reativo, ou se reduz a um nacionalismo do qual as extremas direitas se alimentam, e mais o espaço do racismo se renova e se estende, em proveito de suas versões de acento diferencialista. Devemos saber que, qualquer que seja a evolução futura, é muito provável que nossas sociedades sejam cada vez mais tentadas pelo racismo. Este constituirá mais e mais, se não uma realidade perceptível, pelo menos um desafio, uma ameaça sempre suscetível de surgir e se espalhar: no choque de identidades, em seus incessantes processos de decomposição e de recomposição; na incapacidade de nossos atores sociais de dirimir conflitos e, por conseguinte, reconstruir relacionamentos sociais tão estruturantes como puderam ser os que opuseram o movimento operário aos capatazes no auge da época industrial; nas carências, os enfraquecimentos e a crise de nossas instituições, de nossos Estados e de nossos sistemas políticos.

Mas essas perspectivas inquietantes apresentam também sua face positiva, pois os mesmos fatores, que atuam no sentido de um racismo crescente, encaminham-se para um reforço dos grupos ameaçados ou visados. Com efeito, quanto mais o racismo é diferencialista, tanto mais ele visa grupos caracterizados por um recurso cultural e, portanto, grupos a respeito dos quais se pode supor que não sejam totalmente desarmados. Dessa forma, definir os imigrados, ou seus filhos, não mais como trabalhadores superexplorados nas relações de produção em que são puros proletários, mas por características culturais mais ou menos naturalizadas, é reconhecer-lhes uma certa capacidade de enfrentar, de dar um sentido à sua existência. Fazê-los saber que eles são doravante muçulmanos, ou antes, cada vez com mais freqüência, islâmicos (o que os constituem mais em atores, por certo inquietantes), tratá-los de árabes, de Beurs etc. é reconhecer-lhes, com uma dose mais ou menos importante de fantasia, atributos que não autorizam tão facilmente quanto no racismo clássico o desprezo e a inferiorização. É dar-lhes a possibilidade de uma autodefinição, nos mesmos termos em que podem encontrar a estima em si próprios e a força de se mobilizar na existência.

A experiência norte-americana é nesse caso rica de lições. Os negros americanos continuam, é certo, vítimas do racismo. Porém, eles obtiveram o direito de serem considerados em sua especificidade histórica, que os torna afro-americanos, e têm doravante sua palavra a dizer nos debates que lhes são concernentes, acerca da *affirmative action* em especial. Os Estados Unidos são uma sociedade racializada, em que a categoria da raça é onipresente, em termos que a tornam uma construção social e política que não é necessariamente sinônimo de racismo. É superficial falar sem nuança de americanização das sociedades européias, pois estas últimas conservam muitos traços distintivos. Mas não está excluído que na Europa, como na América do Norte, as relações sociais continuem a etnicizar-se e a racializar-se, com tendências ao racismo, e com riscos consideráveis de vê-lo prosperar, mas também com chances de desenvolver uma vida social e cultural ativa, altamente conflitante, na qual serão cada vez mais numerosos novos atores capazes de apresentar suas demandas, de maneira contestadora, com uma presunção de legitimidade que deveria confirmar ou infirmar o debate político.

É o que nos conduz a nossa conclusão. O racismo é um desafio que não deve ser tratado nem com excesso, convertendo-o em um flagelo maciço ou dramatizando os acontecimentos que o traduzem, nem com fraqueza, banalizando-o ou minimizando-o. Inscrito nos mecanismos do funcionamento e da mudança social, ele é suscetível de se expandir cada vez que as instituições e o sistema político se mostram incapazes de oferecer um tratamento democrático a dificuldades sociais ou culturais, e mais ainda à sua combinação. Quando as tradições, a memória, as reivindicações identitárias são tratadas com desprezo, com ignorância, com apelo a valores de igualdade e de solidariedade republicanas na realidade inoperantes, ou com a apresentação do princípio da "preferência nacional", quando elas não são nem ouvidas, nem reconhecidas, nem debatidas, os indivíduos e os grupos ignorados podem com justa razão sentirem-se vítimas de uma rejeição universalista que pode facilmente tomar um cunho racista;

quando, ao contrário, as identidades e as comunidades prosperam, impondo cada uma a seus membros a lei do grupo, e desinteressando-se das modalidades gerais da vida da cidade, com o perigo de, nos casos extremos, destruí-la, os riscos do racismo não são menos evidentes. As condições que lhe são mais desfavoráveis não se devem nem ao universalismo abstrato, negador dos particularismos, nem ao comunitarismo. Antes, aparecem frágeis, instáveis, no esforço dos atores, militantes ou institucionais, para encontrar pontos de equilíbrio e modalidades de troca e de debate, na capacidade que estes têm de conflituar os problemas sociais e culturais e de onde ele jorra, no empenho de pôr em vigor procedimentos políticos que asseguram um tratamento democrático capaz de recusar a ditadura da maioria, mas também a das minorias.

AUTORES CITADOS

A bibliografia sobre o racismo é imensa; a lista que segue, sem pretensão de ser exaustiva, traz um primeiro conjunto de referências, estabelecido a partir de obras citadas, no corpo do trabalho, a maioria diretamente consagrada ao tema, algumas trazendo um esclarecimento menos direto, mas não obstante útil.

ADORNO, Theodor et al. *The Authoritarian Personality*. New York: Harper and Brothers, 1950.
ALLPORT, Gordon Willard. *The Nature of Prejudice*. Reading (Mass.): Addison-Wesley, 1987 (1ª ed. 1954).
AMIEL, Charles. La "pureté de sang" en Espagne. *Études interethniques*, n. 6, 1983.
ARENDT, Hannah. *The Origins of Totalitarianism*. New York, 1951 (tradução francesa da segunda parte: *L'Impérialisme*. Paris: Fayard, 1982).
BALIBAR, Étienne; WALLERSTEIN, Immanuel. *Race, Classe, Nation:* les identités ambiguës. Paris: La Découverte, 1989.
BANTON, Michael. *Race Relations*. New York: Basic Books, 1967.

_____. *Racial and Ethnic Competition.* Cambridge: Cambridge University Press, 1983.

_____. *The Idea of Race.* London: Tavistock, 1977.

_____. *Racial Theories.* Cambridge: Cambridge University Press, 1987.

_____. *Ethnic and Racial Consciousness.* London: Longman, 1997 (1ª ed. 1988).

BARKAN, Elazar. *The Retreat of Scientific Racism.* Cambridge: Cambridge University Press, 1992.

BARKER, Martins. *The New Racism.* London: Junction Books, 1981.

BASTIDE, Roger. *Le Prochain et le Lointain.* Paris: éd. Cujas, 1970.

BATAILLE, Philippe. *Le Racisme au travail.* Paris: La Découverte, 1997.

BATTEGAY, Alain; BOUBEKER, Ahmed. *Les Images publiques de l'immigration.* Paris: L'Harmattan, 1993.

BAUMAN, Zygmund. *Modernity and the Holocaust.* Oxford: Blackwell, 1989.

BELL, Daniel. *Les Contradictions culturelles du capitalisme.* Paris: PUF, 1979 (1ª ed. 1976).

BENEDICT, Ruth. *Race and Racism.* London: Routledge and Kegan Paul, 1983 (1ª ed. 1942).

BONNAFOUS, Simone. *L'Immigration prise aux mots:* les immigrés dans la presse au tournant des années quatre-vingt. Paris: Kimé, 1991.

CARMICHAEL, Stokely; HAMILTON, Charles V. *Black Power*: the politics of liberation in America. New York: Vintage Books, 1967.

CHAMPAGNE, Patrick. La télévision et son langage: l'influence des conditions sociales de réception sur le message. *Revue française de sociologie,* n. 3, 1971.

_____. La construction médiatique des malaises sociaux. *Actes de la recherche en sciences sociales,* n. 101-102, 1994.

COSTA-LASCOUX, Jacqueline. Des lois contre le racisme. In: TAGUIEFF, Pierre-André (ed.). *Face au racisme.* Paris: La Découverte, 1991.

_____. COSTES, André. Penser autrement l'immigration. *Études,* n. 4, 1997.

COX, Olivier C. *Caste, Class and Race.* New York: Doubleday and Co., 1948.

DASSETO, Felice; BASTENIER, Albert. *Medias u Akbar:* confrontations autour d'une manifestation. Louvain-La-Neuve: Ciaco, 1987.

DEBOST, Jean-Barthélémy. Publicité: des idées noires. *M. Scope Revue, CRDP de Versailles,* n. 4, 1993.

DOLLARD, John. *Caste and Class in a Southern Town.* Madison: University of Wisconsin Press, 1988 (1ª ed. 1937).

DU BOIS, Burghardt W. E. *The Philadelphia Negro*: a social study. Philadelphia: The University of Pennsylvania Press, 1899.

DUMONT, Louis. *Homo hiearchicus:* le système des castes et ses implications. Paris: Gallimard, 1966.

ELLISON, Ralph. *Invisible Man.* New York: Random House, 1952.

FANON, Frantz. *Peau noire et masques blancs.* Paris: Seuil, 1952.

_____. *Les Damnés de la terre.* Paris: Maspero, 1961.

FRAZIER, E. Franklin. *Black Bourgeoisie*. New York: The Free Press, 1957.

FREDRICKSON, George M. *The Arrogance of Race*. Middletown: Wesleyan University Press, 1988.

GALTON, Francis. Conferências e debates da "Sociological Society" de Londres. *The American Journal of Sociology*. v. X, n. 1, 1904 e v. XI, 1905.

GEERTZ, Clifford. The Integrative Revolution: primordial sentiments and civil politics in the New States. In: GEERTZ, C. (ed.). *Old Societies and New States*. New York: The Free Press, 1963.

GILROY, Paul. *There Ain't no Black in the Union Jack*. London: Hutchinson, 1987.

_____. *The Black Atlantic*: modernity and double-consciousness. London: Verso, 1993.

GIUDICE, Fausto. *Arabicides*. Paris: La Découverte, 1992.

GOBINEAU, Arthur de. *Essai sur l'inégalité des races humaines*. Paris: Firmin-Didot, 1940 (1ª ed. 1852).

GRIMSHAW, Allen D. (ed.). *Racial Violence in the United States*. Chicago: Aldine Publishing Company, 1969.

GUILLAUMIN, Colette. *L'Ideologie raciste*: genèse et langage actuel. Haia: Mouton, 1972.

GUMPLOWICZ, Ludwig. *La Lutte des races*. Paris: Guillaumin, 1893 (1ª ed. 1883).

HARTMANN, Paul.; HUSBAND, Charles. *Racism and the Mass Media*. London: David Poynter, 1974.

HESSEL, Stéphane. *Immigrations*: le devoir d'insertion. Paris: La Documentation Française, 1988. 2 v.

HUXLEY, Julian; HADDON, Alfred .C. *We Europeans*: A survey of "racial" problems. London: Jonathan Cape, 1935.

JACOB, François. Biologie. Racisme. Hiérarchie. In: OLENDER, M. (ed.). *Le Racisme, mythes et sciences*. Bruxelas: Éditions Complexe, 1981.

JAZOULI, Adil. *Les Années banlieus*. Paris: Seuil, 1992.

KHOSROKHAVAR, Farhad. *L'Islam des jeunes*. Paris: Flammarion, 1997.

KRISTEVA, Julia. *Étrangers à nous-mêmes*. Paris: Fayard, 1988.

LACORNE, Denis. *La Crise de l'identité américaine*. Paris: Fayard, 1997.

LAPIERE, Richard T. Attitudes *versus* Actions. *Social Forces*, n. 13, 1937.

LAVERGNE, Catherine; SIBLOT, Paul. Les fabriques du sens commun: presse régionale et discours d'exclusion. *Hommes et Migrations*, oct. 1993.

LE BON, Gustave. *Lois psychologiques de l'évolution des peuples*. Paris: Alcan, 1894.

LÉVI-STRAUSS, Claude. *Race et histoire*. Paris: Unesco, 1952 (reedição, Paris: Gonthier, 1961).

_____. Race et Culture. *Revue internationale des sciences sociales*, n. 4, 1971 (reedição em *Le Regard éloigné*, Paris: La Découverte).

LIEBES, Tamar; KATZ, Elihau. Six interprétations de la série "Dallas". *Hermès*, 11/12, 1993.

MARX, Gary T. La cage de fer de la culture. Réflexions sur le problème complexe de la race, du racisme et des mass media. In: WIEVIORKA, M. (dir.). *Racisme et modernité*. Paris: La Découverte, 1993.

MEMMI, Albert. *Portrait du colonisé*. Paris: Gallimard, 1975.

MERTON, Robert. *Éléments de théorie et de méthode sociologique*. 2. ed., Paris: Plon, 1965.

MILES, Robert. *Racism*. London: Routledge, 1989.

_____. Racisme institutionnel et rapports de classe: une relation problématique. In: WIEVIORKA, M. (dir.). *Racisme et modernité*. Paris: Seuil, 1993.

MORIN, Edgard. *La rumeur d'Orléans*. Paris: Seuil, 1969.

MOSSE, George. *Toward the Final Solution*: a history of european racism. Madison: University of Wisconsin Press, 1985.

MYRDAL, Günnar. *An American Dilemma:* the problem and modern democracy. New York: Harper and Row, 1944. 2 v.

PAREKH, Bhikhu. Preface. In: SHAW, John. W. et al. (eds.). *Strategies for Improving Race Relations:* the anglo-american experience. Manchester: Manchester University Press, 1987.

PETTIGREW, Thomas. New Black-White Patterns: how best to conceptualize them. *Annual Review of Sociology*, n. 11, 1985, p. 329-346.

PIAZZA, Alberto. Un concept sans fondement biologique. *La Recherche*, n. 302, 1997.

POLIAKOV, Léon. *Histoire de l'antisémitisme*. Paris: Calmann-Lévy, 4 v., 1955, 1961, 1968, 1977; v. 5, Paris: Seuil, 1995 (Trad. bras. *História do Anti-semitismo*. São Paulo: Perspectiva, 4 v., 1979, 1984, 1985).

_____. Du marranisme. In: ZVI, Issac Ben. *Les Tribus dispersées*. Paris: La Découverte, 1959.

_____. Antisémitisme. In: *Encyclopedia Judaïca*, New York-Jerusalem, 1971.

REPORTERS SANS FRONTIÈRES. *Les Médias de la haine*. Paris: La Découverte, 1995.

REX, John. *Race Relations in Sociological Theory*. London: Weinfeld and Nicholson, 1970.

_____. *Race and Ethnicity*. Milton Keynes: Open University Press, 1986.

SARTRE, Jean-Paul. *Réflexions sur la question juive*. Paris: Gallimard, 1954.

SHILS, Edward. Primordial, Personal, Sacred and Civil Ties. *British Journal of Sociology*, juin, 1957.

SOLOMOS, John; BACK, Les. *Racism and Society*. Houdmills, Basingtoke, Londres: MacMillan Press, 1996.

TAGUIEFF, Pierre-André. *La Force du préjugé*: essai sur le racisme et ses doubles. Paris: La Découverte, 1988.

_____. L'antiracisme en crise. Éléments d'une critique réformiste. In: WIEVIORKA M. (dir.). *Racisme et modernité*. Paris: La Découverte, 1993.

TAYLOR, Charles. *Multiculturalisme: différence et démocratie*. Paris: Aubier, 1994.

TOCQUEVILLE, Alexis de. *De la démocratie en Amérique*. Paris: Gallimard, 1980 (1ª ed. 1835).

TODOROV, Tzvetan. Race, Writing and Culture. In: GATES Jr., H. L. (ed.). *"Race", Writing and Difference*. Chicago: University of Chicago Press, 1986.

TOURAINE, Alain. *Pourrons-nous vivre ensemble?* Paris: Fayard, 1997.

TRIBALAT, Michèle. *Faire France*. Paris: La Découverte, 1995.

VACHER DE LA POUGE, Georges. *L'Aryen. Son rôle social*. Paris: A. Fontemoing, 1899.

VAN DIJK, Teun A. *Communicating Racism:* ethnic prejudice in thought and talk. Newbury Park: Sage, 1987.

_____. *Racism and the Press:* critical studies in racism and migration. London: Routledge, 1991.

WALLRAFF, Günter. *Tête de Turc*. Paris: La Découverte, 1986.

WARNER, Lloyd W. American Caste and Class. *American Journal of Sociology,* v. 42, 1936.

WEBER, Max. *Économie et société*. Paris: Plon, 1971 (1ª ed. 1921).

WEIL, Patrick. *La France et ses étrangers*. Paris: Calmann-Lévy, 1991.

WELLMAN, David T. *Portraits of White Racism*. Cambridge: Cambridge University Press, 1977.

WIEVIORKA, Michel. *Les Juifs, la Pologne et Solidarnosc*. Paris: Denoël, 1984.

_____. *L'espace du racisme*. Paris: Seuil, 1991.

_____. Analyse sociologique et historique de l'antisémitisme en Pologne. *Les Cahiers internationaux de sociologie,* v. XCIII, 1992, p. 237-249.

_____et al. *La France raciste*. Paris: Seuil, 1992.

_____ Violence et racisme, *Revue européenne des sciences sociales,* tome XXX, n. 94, 1992, p. 135-144.

_____ (dir.). *Racisme et modernité*. Paris: La Découverte, 1993.

_____. Racism and Modernity in Present Day Europe. *Thesis Eleven,* n. 35, 1993, p. 51-63.

_____ (dir.). *Racism et xénophobie en Europe:* une comparaison internationale. Paris: La Découverte, 1994.

_____. Democracia, racismo, antiracismo, *Revista de Occidente,* n. 167, avril, 1995, p. 109-128.

_____. Racisme, racialisation et ethnicisation en France. *Hommes et Migrations,* n. 1195, févrir, 1996, p. 27-63.

_____. Is it so difficult to be na anti-racist? In: WEBNER, Pnima; MODOOD, Tariq (eds). *Debating Cultural Hybridity*: multi-cultural identities and the politics of anti-racism. London: Zed Books, 1997, p. 139-153.

_____. Il razzismo e i media nelle societa democratiche. In: TOMASI, Luigi (curadoria). *Razzismo e società plurietnica*. Milano: Franco Angeli, p. 88-103.

WILSON, William J. *The Declining Significance of Race*. Chicago: University of Chicago Press, 1978.

_____. *The Truly Disadvantaged*: the inner city, the underclass and public policy. Chicago: University of Chicago Press, 1987.

WIRTH, Louis. *Le Ghetto*. Grenoble: PUG, 1980 (1ª ed. 1928).

WITTE, Rob. *Racist Violence and the State*. London/New York: Longman, 1996.

WRENCH, John; SOLOMOS, John (eds.). Racial Discrimination in Britain. *Racism and Migration in Western Europe*. Oxford: Berg, 1993, p. 157-176.

YONNET, Paul. *Voyage au coeur du malaise français*. Gallimard: Paris, 1993.

MICHEL WIEVIORKA

É professor e diretor da EHESS – École des Hautes Études en Sciences Sociales –, diretor do Cadis (Centre d'Analyse et d'Intervention Sociologique) e da revista mensal *Le Monde de Débats*. Seus estudos e publicações abrangem temas que vão do racismo e multiculturalismo aos movimentos sociais e terrorismo. Publicou, entre outros, *Em que Mundo Viveremos* (2006), pela editora Perspectiva, *La différence* (2001), *Commenter la France* (1997), *Face au terrorisme* (1995) e *L'espace du racisme* (1991).

Impresso na cidade de Cotia,
nas oficinas da Meta Brasil,
para a Editora Perspectiva.